Gott kann das nicht!

Wie man trotz Tragödien, Missbrauch oder anderem Unheil den Glauben an Gott und Seine Liebe bewahrt

Thomas Jay Oord

SacraSage Press
SacraSagePress.com

Die englische Originalausgabe ist 2019 unter dem Titel God can't erschienen.

© 2020 SacraSage Press und Thomas Jay Oord

Alle Rechte vorbehalten. Ohne die schriftliche Zustimmung des Autors oder des Verlages SacraSage Press ist die Vervielfältigung dieses Buches, auch auszugsweise, nicht gestattet. SacraSage Press veröffentlicht Bücher mit qualitativ hochwertigen Inhalten zu spirituell-theologischen Themen.

Redaktionelle Beratung: Susan Strecker

Innendesign: Nicole Sturk

Umschlaggestaltung: Thomas Jay Oord und Nicole Sturk

Fotografie: Sean Dodge und Thomas Jay Oord

ISBN Taschenbuch: 978-1-948609-32-6
ISBN eBook: 978-1-948609-33-3

Gedruckt in Deutschland

Library of Congress Cataloguing-in-Publication Data

Gott kann das nicht!: Wie man trotz Tragödien, Missbrauch oder anderem Unheil den Glauben an Gott und Seine Liebe bewahrt / Thomas Jay Oord

Webseite zum Buch: GodCant.com

Meiner lebenslangen, geliebten Partnerin
Cheryl

Inhalt

Die Überwindung des Bösen..............................1

1. Gott kann Böses nicht verhindern........................21
2. Gott fühlt unseren Schmerz............................ 57
3. Gott wirkt, um zu heilen 91
4. Gott holt das Gute aus dem Schlechten................129
5. Gott braucht unsere Zusammenarbeit 165

Postskriptum 211

Danksagung 219

Anmerkungen 221

Die Überwindung des Bösen

Der Las Vegas Strip war randvoll und geschäftig. Fast 20.000 Menschen strömten an diesem Oktoberabend zum Route 91 Harvest Festival und sangen mit dem Country-Musik-Star Jason Aldean, dem letzten Künstler des Festivals.

Hoch über der Menge blickte ein 64-jähriger ehemaliger Rechnungsprüfer, Stephen Paddock, vom Mandalay Bay Hotel herab. Er besuchte Vegas oft, lebte 80 Meilen nordöstlich der Stadt, und die Kasinomitarbeiter kannten ihn beim Namen.

Der Ex-Prüfer brachte „Bitte nicht stören"-Schilder an den angrenzenden Zimmern an, ging zu den Fenstern des zweiunddreißigsten Stockwerks des Hotels, schlug sie mit einem Hammer ein und begann, Kugeln in die Menge unter ihm zu feuern.

In den nächsten zehn Minuten betätigte Paddock den Abzug von zwanzig Gewehren und feuerte mindestens 1.100 Schuss ab. Achtundfünfzig Menschen starben; 851 wurden verletzt. Tausende von Überlebenden sind noch lange nach der tödlichsten Massenschiesserei eines Einzelnen in den Vereinigten Staaten traumatisiert.

Viele stellten in der Folge Fragen: Wo war Gott? Warum hat Gott das Massaker nicht gestoppt? Und macht es Sinn zu glauben, dass Gott sich um *alle* sorgt?

Viele Menschen glauben, dass Gott die Macht gehabt hätte, die Schießerei in Las Vegas, die Todesfälle, die Verletzungen und die daraus resultierenden Traumata zu verhindern. Sie glauben, Gott hätte die Behörden warnen, den Schützen vorübergehend lahmlegen, die Gewehre blockieren oder jede Kugel, die 400 Meter weit flog, umlenken können. Sie gehen davon aus, dass Gott die Fähigkeit hat, so gut wie alles zu tun.

Nach der Schießerei „erklärten" einige, warum Gott die Tragödie nicht verhindern konnte. „Es steckt ein höherer Zweck dahinter", sagten sie. Andere beriefen sich auf ein Mysterium: „Wir können Gottes Wege einfach nicht verstehen."

Der Präsident der *Southern Baptist Ethics and Religious Liberty Commission*, Russell Moore, fasste die Gedanken vieler zusammen. „Wir wissen nicht, warum Gott nicht eingreift, um manche Tragödien abzuwenden, obwohl er manche anderen verhindert", sagte Moore. „Was wir aber wissen, ist, dass Gott sich gegen das Böse und die Gewalt stellt. Wir wissen, dass Gott für diejenigen da ist, die verletzt werden."

Wirklich?

Wenn Gott sich gegen das Böse und die Gewalt stellt, warum hält Gott sie dann nicht auf? Übertrumpft Gottes Wunsch „für diejenigen da zu sein, die verletzt werden", Gottes Wunsch, vor dem Bösen zu schützen? Lässt Gott Tod und Verletzung zu, weil er selbst bedürftig ist, verzweifelt Aufmerksamkeit sucht oder sich nützlich fühlen will?

Die Überwindung des Bösen

Wo ist Gott inmitten von Tragödien, Misshandlungen und anderem Bösen?

DAS BUCH

Das Leben kann Verletzungen, Misshandlungen, Einschnitte und Zerstörungen mit sich bringen. Ich rede hier nicht von einem schlechten Tag im Büro oder einem Streit auf Facebook. Und ich rede nicht nur über Gräueltaten wie die Schießerei in Las Vegas. Ich spreche von echtem Übel verschiedenster Art: Vergewaltigung, Verrat, Völkermord, Diebstahl, Missbrauch, Krebs, Verleumdung, Folter, Mord, Korruption, Inzest, Krankheit, Krieg und vieles mehr.

Vernünftige Menschen geben zu, dass Böses geschieht. Überlebende kennen den Schmerz persönlich.

Ich habe dieses Buch für Opfer des Bösen, für Überlebende und für diejenigen geschrieben, die sinnloses Leid ertragen müssen. Ich habe es für die Verletzten und Gebrochenen geschrieben, die Schwierigkeiten haben, an Gott zu glauben, irritiert sind oder den Glauben ganz aufgegeben haben. Ich schreibe an diejenigen, die – wie ich – an Körper, Seele oder Geist Schaden erlitten haben.

Dieses Buch ist auch an diejenigen gerichtet, die sich nicht als „Opfer" oder „Überlebende" bezeichnen würden, aber denen dennoch Unrecht widerfahren ist. Sie mögen das Geschehene nicht „böse" nennen, aber sie sind verletzt. Diese Menschen fragen sich, was Gott getan hat, als sie verraten, persönlich angegriffen oder zu Unrecht arbeitslos wurden. Wo war Gott, als sie sich durch eine Scheidung durchkämpften, Fehlgeburten erlitten, betrogen wurden, längere Zeit erkrankt waren oder einen schlimmen Unfall hatten?

Gott kann das nicht!

Angesichts des Leidens stellen wir schwierige Fragen und suchen nach glaubwürdigen Antworten. Wir wollen dem Bösen, der Liebe, der Freiheit, dem Schmerz, der Willkür, der Heilung... und *Gott* einen Sinn geben.

Wir wollen verstehen.

Du und ich sind nicht die ersten, die diese Fragen stellen. Aber die Antworten, die du in diesem Buch erhalten wirst, unterscheiden sich von dem, was du bisher gehört hast. Du kannst sicher sein, dass die Aussagen dieses Buches dich tatsächlich verändern werden. Du wirst anders denken.

Ich sage dies als Theologe, Geistlicher und Gelehrter multidisziplinärer Studien, der an führenden Hochschulen ausgebildet wurde und an renommierten Universitäten auf fast allen Kontinenten Vorlesungen gehalten hat. Ich sage dies aber auch als jemand, der einen engen Bezug zum täglichen Leben bodenständiger Menschen, in kleinen, abgelegenen Gemeinschaften hat.

Ich verbringe die meiste Zeit damit, die großen Themen des Lebens zu erforschen; mir ist wichtig, worauf es wirklich ankommt. Das bedeutet, aus Wissenschaft, Philosophie, Spiritualität und Religion zu schöpfen. Das bedeutet aber ebenso, das alltägliche Leben, das Gewöhnliche wie das Außergewöhnliche, genau zu betrachten. Meine Erfahrungen mit den unterschiedlichsten Menschen zeigen mir, dass die Aussagen dieses Buches nicht nur ungewöhnlich erscheinen, sondern auch deine Denk- und Lebensweise verändern werden.

Dieses Buch habe ich für dich geschrieben.

Unsere Geschichten – deine und meine – sind wichtig. Sie schildern die Realität unserer gelebten Erfahrung. Wir müssen der Realität mit klarer Ehrlichkeit entgegentreten, wenn wir heilen, lieben und glauben wollen. Die Ehrlichkeit gegenüber der eigenen Vergangenheit kann uns den Blick für eine bessere Zukunft öffnen.

In diesem Buch erzähle ich wahre Geschichten. Aber manchmal ändere ich die Namen von Überlebenden und Einzelheiten ihrer Geschichten, um ihre Identität zu schützen. Du kennst wahrscheinlich ähnliche Geschichten. Vielleicht klingt deine Geschichte ganz ähnlich wie eine, die ich in diesem Buch beschreibe.

Ein Wort an den konventionellen, auf Sicherheit bedachten Leser: Dieses Buch wird dir wahrscheinlich nicht gefallen. Du wirst diese Ideen für zu radikal, zu unglaublich, zu kühn halten. Du wirst wahrscheinlich nicht verstehen, dass das Böse ernst zu nehmen auch bedeutet, konventionelle Vorstellungen über Gott und die Welt zu überdenken. Dieses Buch wird dich vielleicht sogar verärgern!

Dieses Buch ist für Überlebende... diejenigen, die verletzt wurden... diejenigen, die sich sorgen... diejenigen, die dem Leben einen Sinn geben wollen... und diejenigen, die heilen wollen. Es ist für diejenigen, die lieben wollen, geliebt werden wollen und ein erfülltes Leben in Liebe führen wollen.

MEINE FREUNDE LEIDEN

Überlebende erzählen schmerzvolle Geschichten, die aus persönlichen Erfahrungen stammen. Ihnen zuzuhören hilft uns, das Leiden besser zu verstehen. Ihr Schmerz ist oft nicht nur körperlich oder emotional. Dazu gehören auch Verwirrung, Hoffnungslosigkeit und Wut auf Gott.

Unsere Geschichten verdeutlichen, was auf der Kippe steht: die Natur der Liebe, der Glaube an Gott und der Sinn des Lebens. Es gibt keine größeren Herausforderungen!

Nur wenn wir die Überlebenden ernst nehmen, nehmen wir auch ihre existenziellen Fragen ernst. Um Antworten zu finden, müssen wir damit ringen, wie das Leben wirklich ist: gut und schlecht. Sich zu verstellen ist nicht hilfreich; wir wollen und brauchen die Wahrheit.

Es gibt nicht genug Bücher, um jede Erfahrung von Tragödien, Missbrauch und Bösem zu erfassen. Aber ich möchte die Geschichten von vier Freunden erzählen. Ihre Erfahrungen helfen uns, uns auf das zu konzentrieren, worum es geht.

Teri – Es begann in der Sonntagsschule. Teris Lehrer fing an, sie zu berühren. Sein orange-roter Schnurrbart bebte, als er ihren Körper streichelte, und bis heute schaudert sie, wenn sie einen Schnurrbart in dieser Haarfarbe sieht. Sein Streicheln führte zu Berührungen. Das wiederum führte zu mehr... Sie spricht nicht gerne darüber.

Teri ist eine „#MeToo"-Überlebende.

Während und lange nach dem Alptraum, den ihr Täter inszeniert hatte, schämte sich Teri. Sie stellte die Fragen, die viele Überlebende stellen. Was stimmt mit mir nicht? Ist das meine Schuld? Sollte ich es jemandem sagen? Wird mich jetzt jemand haben wollen? Ist das Leben lebenswert?

Sie stellte auch Fragen des Glaubens: Wo ist Gott? Kümmert sich Gott nicht darum? Wenn Gott mich liebt, warum hat er *dem* nicht Einhalt geboten?

Es überrascht nicht, dass Teri den Glauben an die Männer verloren hat. Ihrer Meinung nach sind sie nur an ihrem eigenen

Vergnügen interessiert. Es verwundert auch nicht, dass Teri Schwierigkeiten hat, an Gott zu glauben. Schon ihr Sonntagsschullehrer sagte, Gott sei der König, die höchste Autorität, der zu gehorchen ist und derjenige, der die letztendliche Kontrolle habe.

Wenn Gott existiert, geht Teri davon aus, dass ihr Missbrauch Teil seines Plans war. Oder er hatte sie vielleicht gar nicht auf seinem Radar. Denn Gott erlöste sie definitiv nicht vom Bösen, wie es im Vaterunser heißt.

Wenn Gott existiert, dann hat er wohl einen orange-roten Schnurrbart...

James – Solange er sich erinnern kann, kämpfte James mit Depressionen. In Zeiten der Niedergeschlagenheit konnte er das Bett nicht verlassen. Seine Haare fielen aus und er nahm an Gewicht zu. Seine Gedanken schweiften von Wut über Apathie bis hin zu Selbstmord.

James versuchte es mit Therapien und Medikamenten. Er fastete und betete. Seine Familie tat ihr Bestes, ihn zu lieben und zu unterstützen, aber die Depressionen folgten ihm unerbittlich.

James kannte die Bibel besser als die meisten anderen. Er hatte unzählige Verse auswendig gelernt, und er lehrte seine Kinder, dem „guten Buch" zu vertrauen. Obwohl er nie ernsthaft an der Bibel oder an Gott zweifelte, hatte er doch Fragen.

„Warum passiert das mit mir?", fragte James eines Nachmittags bei einem Kaffee. Bezahlte er für die Folgen der Sünde? War dies die Schuld seiner Eltern? War sein Gehirn auf eine Weise geschädigt, welche Gott nicht heilen würde? Weshalb ließ Gott Depressionen zu?

Ein wissbegieriger Geist führte James zu Fragen, die weniger Mutige nicht zu stellen wagen.

Nach Weihnachten letzten Jahres fuhr James zu einem See, hielt sich eine Schrotflinte an den Kopf und drückte ab. Der Gerichtsmediziner sagte, er sei auf der Stelle tot gewesen. Ein Jäger fand ihn in seinem blutverschmierten Pick-up.

James' Familie stellt mir nun die Fragen, die er gestellt hatte. Warum hat Gott nicht eingegriffen? Hätte Gott nicht die Schrotflinte blockieren und diese Gräueltat verhindern können? Ist eine Depression eine Krankheit, die Gott nicht heilt?

James' Frau stellte mir eine besonders schwierige Frage. „Wenn Gott einen Plan für alle hat, war dann Selbstmord sein Plan für James?" Und sie fragte: „Wenn Gott keinen Selbstmord will, warum hat er ihn dann nicht verhindert?"

Maria – Maria und Ted sehnen sich verzweifelt nach Kindern. Maria hat alles Nötige getan, um dies zu erreichen. Sie achtet auf ihren Körper, auf die Ernährung und trifft gesunde Entscheidungen. Sie nimmt Vitamine ein und geht zu Fachärzten, aber sie kann kein Kind austragen.

Marias dritte Fehlgeburt war besonders schlimm. An diesem Tag saß sie auf der Toilette und weinte eine Stunde lang. Ted fand sie, nachdem er von der Arbeit nach Hause gekommen war. Auch er lag anschließend auf dem Badezimmerboden, zusammengekauert und schluchzend.

Die Menschen in ihrer Kirche boten eine Fülle von Erklärungen an. „Da haben Dämonen ihre Hände im Spiel", meinte ein älterer Mann, „du bist von Dämonen besessen."

Ein Gemeindeältester meinte, Gott habe Fehlgeburten zugelassen, um Maria zu einem besseren Menschen zu machen.

Die Überwindung des Bösen

„Gott verlangt von uns nie mehr, als wir verkraften können", sagte er, „und das wird dir helfen zu reifen." Seiner Meinung nach waren Fehlgeburten eine göttliche Strategie, um Marias Charakter zu formen.

Dieser angeblich göttliche Plan funktionierte nicht: Maria hegt jetzt Groll gegenüber Gott und verachtet die Kirche. Maria wird verbitterter, nicht reifer.

Maria und Ted gehen fortan nicht mehr zur Kirche. Maria glaubt immer noch an Gott, hauptsächlich weil sie so erzogen wurde. Aber sie hat keine Ahnung, auf welche Weise Gott handelt. Tatsächlich hat sie keine Vorstellung von dem, wie Gott wirklich ist. Er ist ihr ein Rätsel.

„Ich vermute, dass es einen Gott gibt", sagte sie kürzlich zu mir, „aber wer weiß das schon wirklich?"

Obwohl Maria intellektuell an Gott glaubt, hat das keinen Einfluss darauf, wie sie tatsächlich lebt. Sie hat keine Vorstellung von dem, was Gott tut.

Rätsel helfen Maria nicht.

Rashad – An einem Freitagnachmittag kam der Zehntklässler Rashad nach Hause und musste mit ansehen, wie sein Vater auf sein schwarz-weiß kariertes Hemd Blut erbrach. Einige Besuche beim Arzt bestätigten die Angst der Familie: Krebs. Etwa einen Monat später starb er.

In dieser Zeit beteten alle. Rashad, sein Vater, die Familie, ihr Pastor und Freunde. Die geistlichsten von ihnen beteten in dem vollen Glauben, dass Gott heilt. Die Familie versuchte jedes Ritual: Salbung mit Öl, Fasten, Taufe und Heilungszeremonien.

Die Gläubigen ließen keinen Mangel an Glauben erkennen.

Bei der Beerdigung hörte Rashad eine Reihe von „Antworten"

darauf, warum sein Vater gestorben war. „Gottes Wege sind nicht unsere Wege", sagten einige. „Wer sind wir, Gott in Frage zu stellen?" „Dankt in allen Dingen", sagten andere, „Gott hat die Kontrolle." Oder: „Wir brauchen das Böse, um zu erkennen, dass wir die Erlösung brauchen." Und: „Alles geschieht aus einem bestimmten Grund."

In den folgenden Jahren litt die Familie emotional, finanziell und geistlich. Rashad wurde schüchtern und unsicher. Er verfiel in lähmende Verunsicherung.

„Wenn es das ist, was Gott will", sagte Rashad eines Tages, „dann zur Hölle mit Gott! Er mag stark sein, aber er ist nicht gut. Er ist ein gemeiner, alter Hurensohn!"

Rashad war gelehrt worden, dass Gott ein liebender Vater sei. Aber ich werde nie die Frage vergessen, die er stellte: „Was für ein Elternteil lässt sein Kind leiden, nur um es zu lehren, Hilfe zu suchen... Hilfe von dem Elternteil, welches das Leiden überhaupt erst zugelassen hat?" „Das ist nicht die Logik der Liebe", sagte Rashad, „das ist Manipulation!"

„Wenn Gott das Böse zulässt, hätte er es auch aufhalten können. So einen Gott brauchen wir nicht", sagte Rashad, „wir brauchen nun das Jugendamt..."

EIN WEITERER ENGEL IM CHOR DES HIMMELS?
Diese Geschichten sind eine winzige Auswahl von Millionen, vielleicht Milliarden ähnlicher Geschichten. Die darin enthaltenen Versuche, Gottes Beziehung zum Bösen zu erklären, sind typisch. Keiner dieser Versuche ist zufriedenstellend.

Wenn wir dem Bösen begegnen, ist es ganz natürlich, Fragen zu stellen: Warum würde Gott es verursachen oder zulassen? Bestraft Gott mich? Wenn Gott alle liebt, warum verhindert er dann nicht sinnlosen Schmerz? Kümmert sich Gott darum? Sind Gottes Wege ein Mysterium? Ich bin mit den konventionellen Antworten nicht zufrieden: „Gott brauchte einen weiteren Engel im Chor des Himmels", „das ist alles Teil von Gottes Plan", „Gott will dich stärker machen", „Gottes Wege sind nicht unsere Wege." Oder: „Du hattest nicht genug Vertrauen", „alles geschieht aus einem Grund" – und so weiter.

Wohlmeinende Menschen sagen diese Dinge, und ich stelle ihre Motive nicht in Frage. Aber diese Antworten ergeben keinen Sinn. Einige beinhalten Wahrheiten, aber keine Antwort befriedigt vollständig. Berufungen auf ein „Mysterium" sind dabei besonders nutzlos.

Wir brauchen glaubwürdige Antworten auf die größten Fragen unseres Lebens.

Als Reaktion auf schlechte Antworten wenden sich manche dem Atheismus zu. Das respektiere ich. Angesichts des Bösen in der Welt glauben manche Menschen nicht mehr an die Existenz eines liebenden und mächtigen Gottes. Und das macht bis zu einem gewissen Grad Sinn. Tatsächlich zeigen Umfragen, dass die Existenz des Bösen als Hauptgrund von Atheisten genannt wird, um den Glauben an Gott abzulehnen. Wer kann es ihnen verdenken?

Andere halten zwar an ihrem Glauben fest, werden aber allmählich ängstlich, unsicher und misstrauisch. Sie können nicht mehr im Vertrauen auf Gott leben. Einige denken, Gott bestraft sie. Andere denken, Gott habe sie im Stich gelassen, da er wohl mit dringenderen Angelegenheiten befasst ist. Viele glauben intellektuell an Gott, sind aber praktisch Atheisten: Was sie glauben, hat keinen Einfluss darauf, wie sie leben.

Nicht wenige Menschen hören auf, nach einer Antwort zu suchen. Sie spielen die Karte des Mysteriums aus. Manche spotten sogar über Versuche, das Rätsel zu lösen, warum ein guter und mächtiger Gott das Böse nicht verhindert.

DIE FÜNF BESTANDTEILE EINER ECHTEN ANTWORT

Es gibt einen besseren Weg. Es gibt eine sinnvoll erscheinende Erklärung für das Böse.

Dieser bessere Weg beginnt mit dem Glauben an einen Gott der bedingungslosen, endlosen Liebe. Er macht auch bei Tragödien und Missbrauch Sinn, ohne zu behaupten, dass Gott sie verursacht oder auch nur zugelassen hat.

Der bessere Weg baut auf fünf Grundideen über Gott, die Schöpfung und das Böse auf. Zusammen bilden sie eine Lösung dafür, warum Böses geschieht und ein liebender Gott es nicht aufhält. Und sie bieten einen Orientierungsrahmen, um gut zu leben und klar zu denken.

Diese Ideen lege ich in diesem Buch offen. Sie bieten eine *Lösung* für das Problem des Bösen.

Beachte, dass ich gesagt habe: „Lösung". Ich habe nicht gesagt: „Wir können Gott einfach nicht verstehen." Oder: „Du kannst nicht beweisen, dass Gott nicht existiert, also glaube ich weiter, obwohl ich keine Antwort auf das Böse habe." Ich weiche den schwierigen Fragen nicht aus und werde keine Standardantworten geben.

Sondern eine echte Lösung.

In ihrer Gesamtheit weisen uns diese fünf Ideen einen Weg, um mit Freude und Elan zu leben. Zusammen bilden sie den Rahmen für die Wiederherstellung von Geist, Seele und Körper.

GOTT LIEBT IMMER

Die Hauptgedanken in diesem Buch haben zwei gemeinsame Annahmen, und ich möchte sie erwähnen, ehe ich fortfahre. Die erste ist, dass Gott uns alle liebt, immer und überall. Gott liebt alle und alles, alle großen und kleinen Geschöpfe. Gott hört nie auf zu lieben, nicht einmal für einen Augenblick, denn Gottes Natur ist Liebe. Gott hört zu, fühlt mit und antwortet, indem er für das Gute handelt.

Gott will immer unser Wohlergehen, nicht unser Unglück.

Die Standardantworten auf das Böse stellen Gott oft nicht als liebend dar, zumindest nicht als das, was wir als „liebend" ansehen. Einige gehen davon aus, dass Gottes Liebe ganz anders ist als unsere. Die Formulierung: „Gottes Wege sind nicht unsere Wege", wird so verstanden, dass Gottes Liebe nicht wie „unsere" ist. Was Gott für liebevoll hält, ist nicht das, was wir darüber denken. Dieser Taschenspielertrick verwirrt eher, als dass er Klarheit schafft.

Es hilft nicht, zu sagen: „Gott liebt uns", wenn wir keine Ahnung haben, was Liebe ist!

Andere Antworten gehen davon aus, dass Gott für irgendeinen größeren Zweck Schaden zulässt. Wenn Opfer leiden, sagen manche Menschen: „Gottes Liebe ist manchmal rau und hart! Man muss erst durch die Hölle gehen, bevor man in den Himmel kommt." Oder: „Gott weiß, was das Beste ist, also muss deine Vergewaltigung (oder ein anderes Übel) für etwas gut sein."

Leider glauben die meisten Menschen, dass Gott Böses verursacht oder zumindest zulässt.

Wenn die göttliche Liebe Böses tut, sollten wir ihr widerstehen! Wenn Gottes Liebe Vergewaltigung und Folter zulässt, sollte niemand wollen, dass Gott ihn liebt. Eine solche „Liebe" ist überhaupt keine Liebe!

Im Gegensatz dazu glaube ich, dass das, was Gott für Liebe hält, mit dem übereinstimmt, was wir im Herzen für Liebe halten. Unsere Intuitionen von Liebe passen zu Gottes Sicht der Liebe. Wir definieren diese gemeinsame Bedeutung am besten, wenn Liebe so verstanden wird, dass sie absichtlich in Reaktion auf Gott und andere handelt, um das allgemeine Wohlergehen zu fördern. Kurz gesagt: Liebe zielt darauf ab, Gutes zu tun. Diese Sicht der Liebe gilt für Schöpfer und Geschöpfe.

Gott liebt *immer*, und Gottes Liebe ist *immer* gut. Jede Idee, die ich in diesem Buch vertrete, geht davon aus, dass Gott liebt.

WAHRHAFT BÖSES GESCHIEHT

Auch die fünf Grundideen dieses Buches gehen davon aus, dass das Böse real ist. Viel Leid, Zerstörung und Schaden sind unnötig. Manche Schmerzen sind überflüssig. Das wirklich Böse macht diese Welt, alles in allem, weit schlimmer, als sie hätte sein können.

Ich sage nicht, dass alle Schmerzen schlecht sind. Manchmal wählen wir den Schmerz für unser eigenes Wohl oder wir opfern uns für das Wohl anderer auf. Aber oft sind Schmerz und Leid nutzlos, und das meine ich mit „wirklich böse". Wirklich böse Ereignisse verursachen viel mehr Leid im Vergleich zu den Schmerzen, die beim Tun des Guten auftreten können.

Bei vielen Antworten auf Fragen des Schmerzes und Leidens entsteht der Eindruck, das Böse sei nicht *wirklich* böse. Sie sagen z.B., dass Gott Schmerz und Leiden für ein höheres Gut zulässt. In dieser Sichtweise ist die Bösartigkeit der

Vergangenheit für das Wohlergehen der Zukunft erforderlich. Oder zumindest denkt Gott, dass es besser ist, Schrecken und Massenvernichtungen zuzulassen, als sie zu verhindern.

Wenn Gott in der Vergangenheit allen Missbrauch, allen Schmerz und alles Leid für ein höheres Gut zugelassen hat, ist nie etwas geschehen, was Gott als *wirklich* böse ansieht. Gott muss *jede* Vergewaltigung, Folter, Verrat, Mord, Täuschung, Korruption, Inzest und Völkermord als Teil eines guten Plans zugelassen haben. Aus dieser verdrehten Perspektive ist das Böse gut!

Ich kann das nicht glauben. Genauso wenig wie die meisten Überlebenden, die ich kenne. Wir können nicht glauben, dass *alle* Misshandlungen, Schmerzen und Tragödien notwendig sind. Nicht alles geschieht oder wird zugelassen aus irgendeinem göttlich bestimmten Grund.

Es macht keinen Sinn zu sagen, dass ein liebender Gott Böses *zulässt*. Wir brauchen nicht sagen: „Deine Vergewaltigung geschah aus einem bestimmten Grund", und meinen: „Gott hat es zugelassen." Wir müssen nicht glauben, dass Gott zulässt, dass Kinder gequält werden, oder dass Menschen an Krebs sterben. Und so weiter. Wir sollten vielmehr erkennen, dass schmerzhafte Erfahrungen und schreckliche Tragödien die Welt schlimmer machen, als sie hätte sein können. Und Gott wollte all das nicht.

Letztendlich ist das Böse einfach böse... aus Gottes *und* unserer Perspektive.

WIE MAN DIESES BUCH LIEST

Keine der fünf Grundideen in diesem Buch ist für sich allein genommen zufriedenstellend. Aber zusammen bieten sie eine

Lösung dafür, warum ein liebender und mächtiger Gott das Böse nicht aufhält. Sie bieten einen Weg zur Heilung, Liebe und Verwandlung. Zusammen schenken sie Leben!

Da alle fünf eine wesentliche Rolle spielen, höre nicht auf halber Strecke auf, dieses Buch zu lesen. Ansonsten wirst du nicht klar erkennen, wie du wieder an Gott glauben und ihn lieben kannst. Du wirst das große Ganze verpassen.

Nimm dir die Zeit, jede Idee sorgfältig zu prüfen. Lies langsam. Ich stelle für jedes Kapitel Fragen zur Verfügung, um die Bearbeitung meiner Vorschläge zu erleichtern. Diskutiere sie mit anderen, oder meditiere allein darüber.

Neue Ideen brauchen Zeit, um unseren Geist zu durchdringen, unseren Körper zu heilen und uns zu einem guten Leben zu verhelfen.

Während meines Wissens kein anderes Buch diese fünffache Lösung bietet, gehen einige auf eine oder mehrere der Ideen ein. Ich liste einige Quellen online auf GodCant.com auf, und ich aktualisiere diese Quellen weiter. Suche am Ende jeden Kapitels nach Erinnerungsnotizen auf der Website, und erkunde diese Quellen, wenn du Zeit hast.

Vergiss nicht: Diese fünf Ideen entfalten ihre Wirksamkeit, wenn sie gemeinsam erkannt werden. Wir müssen das Ganze sehen, um uns auf die Ganzheit zuzubewegen.

FÜR DICH

Wenn du ein Überlebender bist, jemand, der sich um Überlebende kümmert oder eine der größten Fragen des Lebens beantworten möchte – warum Gott das Böse nicht verhindert –, dann ist dieses Buch für dich.

Die Überwindung des Bösen

Wenn du an Gott glauben willst – an einen Gott der Liebe, nicht an einen Tyrannen im Himmel oder an ein abwesendes Elternteil –, dann ist dieses Buch für dich.

Wenn du heilen, hoffen und lieben willst, ist dieses Buch für dich.

Bereite dich auf deine Wiederherstellung vor.

Fragen

1. Welche Antworten hast du gehört, warum Gott Böses verursacht oder zulässt? Was hältst du von ihnen?

2. Welche Erfahrungen des Bösen – persönlich oder allgemein – haben deine Sicht von Gott geprägt?

3. Warum glauben manche Menschen, dass alles Böse für ein höheres Gut notwendig ist?

4. Warum ist es wichtig, dass das, was Gott als Liebe betrachtet, mit dem übereinstimmt, was wir als Liebe betrachten?

5. Warum sollten wir denken, dass manche Schmerzen und Leiden unnötig oder sinnlos sind?

6. Fällt es dir leicht zu glauben, dass Gott immer gut ist? Warum – oder warum nicht?

7. Welche Frage hoffst du, mit diesem Buch beantwortet zu bekommen?

KAPITEL EINS

Gott kann Böses nicht verhindern

Lass mich gleich zur ersten Grundidee kommen, die wir benötigen: Gott kann Missbrauch, Tragödien und Böses nicht verhindern. Du hast es richtig gelesen: Gott *kann es nicht.*

Ein liebender Gott *kann* manche Dinge einfach nicht tun. Das Böse zu verhindern ist eines davon. Gott hätte das Böse, das du und andere erlebt haben, nicht verhindern können. Wir sollten Gott nicht für die auf den vorhergehenden Seiten beschriebenen Übel verantwortlich machen, denn Gott hätte sie nicht verhindern können.

Um es genauer zu sagen: Gott kann das Böse nicht *im Alleingang* verhindern. Das zu präzisieren ist wichtig, und ich werde im Laufe der kommenden Kapitel erklären, warum das so ist. Gott kann das Böse nicht dadurch aufhalten, dass er allein dagegen aktiv wird.

Beachte, dass ich nicht sage, dass Gott das Böse nicht verhindern *will*. Ich sage nur, dass Gott es *nicht kann*. Der Unterschied zwischen „will nicht" und „kann nicht" ist enorm.

Viele Menschen haben kein Problem zu bekunden, dass Gott nicht *alles* Böse aufhalten wird, aber doch manches Böse aufhält. Diejenigen, die sagen, dass Gott das Böse nicht immer stoppt, sagen damit eigentlich, dass Gott es trotzdem „zulässt". Sie denken, dass Gott den sinnlosen Schmerz, den er im Alleingang verhindern könnte, aus freien Stücken durchgehen lässt. Gott beschließt, nicht einzugreifen, sagen sie, oder er beschließt, das Böse nicht zu unterbrechen.

Es gibt große Probleme zu sagen, dass Gott das Böse nicht aufhalten *wird*. „Wird nicht" und „erlaubt" implizieren, dass Gott Missbrauch und Tragödien verhindern *könnte*. Zu sagen: „Gott erlaubt das Böse", bedeutet entweder, dass Gott nicht genug Fürsorge verspürt, um einzugreifen, oder dass diese Schrecken auf irgendeine geheimnisvolle Weise zu unserem Wohl dienen sollen.

Ich kann nicht glauben, dass beides wahr ist. Ich glaube, dass Gott immer zutiefst fürsorglich ist, und dass das wirklich Böse die Dinge insgesamt nicht besser macht. Wenn Gott das Böse verhindern könnte, würde er als ein liebender Gott das schreckliche Leiden, das wir und andere ertragen, verhindern.

Es macht keinen Sinn zu sagen, dass Gott das wirklich Böse *zulässt*.

EIN LIEBENDER MENSCH VERHINDERT DAS VERMEIDBARE BÖSE

In den Köpfen so vieler Menschen herrscht die Sichtweise vor: „Gott lässt Böses zu." Wir wollen das einmal genauer untersuchen. Die folgende Frage zu stellen, kann dabei helfen: Erlaubt eine liebende Person Missbrauch, Tragödien und Böses, wenn sie selbst das verhindern könnte?

Kapitel Eins: Gott kann Böses nicht verhindern

Denke einen Moment darüber nach.

Glauben wir, dass eine liebende Mutter einen Säugling einfach ertrinken lassen würde? Glauben wir, dass liebende Mitbürger Terroristen erlauben würden, unschuldige Kinder zu foltern? Würdest du denken, dass dein Onkel „lieben" würde, wenn er Sexhändlern erlauben würde, deine Schwester oder deine Frau zu entführen? Lassen liebevolle Ärzte Säuglinge sterben, obwohl sie diese leicht heilen könnten? Erlauben liebende Menschen Enthauptungen von Unschuldigen, wenn es möglich wäre, Enthauptungen zu verhindern?

Nein.

Vollkommene Liebe verhindert vermeidbares Übel.

Obwohl wir glauben, dass liebende Menschen das Böse, das sie verhindern können, nicht zulassen würden, glauben viele, dass Gott das Böse, das Gott verhindern kann, zulässt. Sie glauben, dass Gott unnötiges Leiden und vermeidbare Schrecken zulässt, obwohl er in der Lage ist, sie zu stoppen. Sie glauben, dass Gott Vergewaltigung, Folter, Völkermord, Kindesmissbrauch und mehr zulässt. Vielleicht hat dir sogar jemand gesagt, dass Gott *dein* Leid zulässt!

Es macht keinen Sinn zu glauben, dass ein vollkommen liebender Gott das Böse zulässt, das dieser Gott aufhalten kann.

Aus Erfahrung wissen wir natürlich, dass wir manchmal das Böse, das wir aufhalten *möchten*, nicht aufhalten können. Viele Dinge liegen jenseits unserer Möglichkeiten. Wir können andere oder die Umstände nicht völlig kontrollieren, also geben wir guten Menschen nicht die Schuld dafür, dass sie nicht tun, was sie nicht tun können. Sie sind nicht schuldig.

Gott ist anders... zumindest der allmächtige Gott, an den die meisten glauben.

Gott kann das nicht!

Die meisten glauben, dass Gott andere vollständig kontrollieren könnte. Sie glauben, dass Gott die Macht hat, alles zu tun. Einige sagen, dass Gott uns einen freien Willen gibt, diesen aber auch außer Kraft setzen, entziehen oder es versäumen könne, uns Willensfreiheit zu gewähren. Sie behaupten, Gott sei souverän und frei, alles zu tun, weil Gottes Macht unbegrenzt sei.

Wenn Gott Übeltäter kontrollieren kann, sollten wir dann nicht Gott die Schuld dafür geben, dass er die von ihnen begangenen Gräueltaten zugelassen hat? Der Gott, der es versäumt, vermeidbares echtes Übel zu verhindern, ist moralisch verwerflich. Der Gott, der in der Lage ist, zu kontrollieren, trägt zumindest teilweise die Schuld an den Übeln, die wir ertragen haben, weil er sie im Alleingang hätte verhindern können.

Der Gott, der Böses zulässt, ist schuldig.

Eine schuldige Person ist per Definition nicht vollkommen gut. Schuld und Güte stehen im Gegensatz zueinander. Und wir können nicht darauf vertrauen, dass ein schuldiger Gott konsequent liebt. Tatsächlich ist ein Gott, der das wirklich Böse zulässt, unserer von ganzem Herzen kommenden Liebe nicht würdig. Wir mögen ihn vielleicht fürchten, aber wir können diesen Gott nicht mit voller Bewunderung anbeten.

Wir sollten keinem Gott vertrauen, der Böses zulässt.

DABEIGESTANDEN UND NICHT EINGEGRIFFEN?

Claire hat mir letztes Jahr eine Facebook-Nachricht geschickt. Darin sprach sie über den sexuellen Missbrauch, den sie erlitten hat. Mein Herz klopfte in meiner Brust, als ich die Details las. Niemand sollte etwas so Furchtbares erleben!

Claire sagte, sie glaube nicht, dass Gott sie missbraucht habe. Sie gab Familienmitgliedern, Freunden und einem

Kapitel Eins: Gott kann Böses nicht verhindern

Fremden die Schuld. Sie glaubte auch nicht, dass Gott sie bestrafte. Ihrer Meinung nach ist sexueller Missbrauch keine Form göttlicher Disziplinierung.

Aber sie hatte sich immer gefragt, warum Gott das *zuließ*. Wenn Gott allmächtig und liebevoll ist, warum würde er es dann zulassen, dass Männer ihren Körper und ihre Seele verletzen? Warum hat Gott nicht eingegriffen?

Laut ihrer Nachricht fand Claire Hilfe in meinem Buch *GOTTES LIEBE ZWINGT NICHT*. Es bot ihr gut begründete Argumente und eine hilfreiche Sprache, um der Liebe Gottes und ihrem Schmerz einen Sinn zu geben. Sie war erleichtert zu lesen, dass Gott nicht verhindern konnte, was geschah. Gott erlaubte ihren Missbrauch nicht.

Einen Satz in ihrer Nachricht werde ich nie vergessen: „Ich glaube nicht mehr, dass Gott dabeigestanden und zugelassen hat, was geschah."

Der Gott, der das Böse „nicht verhindern *will*", hätte Claires Missbrauch stoppen können. Dieser Gott hätte dabeigestanden und nicht eingegriffen. Claire kann nicht glauben, dass jemand, der sexuellen Missbrauch zulässt – einschließlich Gott – wirklich liebevoll ist. Wie könnte sie einem Gott vertrauen, der Missbrauch erlaubt?

Claire kam zu der Überzeugung, dass Gott das Böse *nicht* im Alleingang verhindern *kann*. Ein nicht kontrollierender Gott ist in jeder Situation liebevoll bis zum Äußersten, selbst wenn schreckliche Dinge geschehen. Aber da er ein Gott der nicht kontrollierenden Liebe ist, *kann* er auf seine Geschöpfe keine erzwingende Macht und Kontrolle ausüben.

Für Claire ist der Unterschied zwischen „kann nicht" und „will nicht" der Unterschied zwischen dem Denken, Gott könne ihre Schänder nicht aufhalten, und dem Denken, Gott habe dabeigestanden und es ihnen erlaubt.

WÜRDE JESUS DAS BÖSE AUFHALTEN?
Ich frage mich, was Jesus getan hätte.

Ich tue mein Bestes, den Wegen Jesu zu folgen. Ich versuche zu lieben, wie er geliebt hat. Wenn ich also versuche, herauszufinden wie Liebe aussieht, frage ich mich manchmal: „Was würde Jesus in dieser Situation tun?" Diese Frage gut zu beantworten und sie jeden Tag zu leben, ist das Herzstück meines Lebens als Christ.

Christen sagen in der Regel, dass Jesus die Liebe Gottes am deutlichsten darstellt. „Wenn du wissen willst, wie Gott ist", heißt es, „dann schau Jesus an." Jesus offenbart Gott.

Stellen wir uns vor, was Jesus tun würde, wenn er physisch anwesend wäre, als Claire belästigt wurde. Würde er eingreifen? Kannst du dir vorstellen, dass Jesus dabeisteht und es zulässt? Kannst du dir Jesus als passiven Zuschauer eines Übels vorstellen, das er verhindern könnte?

Das kann ich nicht.

Ich kann mir nicht vorstellen, dass er sagt: „Ich bin hier bei dir, Claire. Ich könnte deinen Missbrauch beenden, aber ich werde zusehen und es zulassen."

Wenn Jesus Claires Schrecken aufhalten könnte, würde er es meiner Meinung nach auch tun. Jesus würde jeden sexuellen Missbrauch stoppen, den er könnte. Er würde vermeidbares Übel verhindern.

Wenn Jesus unsere klarste Offenbarung Gottes ist, warum sollten wir dann denken, dass Gott Missbrauch *zulässt*? Wenn Jesus im größtmöglichen Umfang für das Gute handeln würde, warum sollten wir dann denken, dass Gott etwas anderes tut? Wenn Jesus das Böse nicht zulassen würde, würde *Gott* es nicht zulassen.

Wenn wir Leiden und Missbrauch durch die Linse der Liebe Jesu betrachten, werden wir nicht mehr vorschnell annehmen können, dass Gott das Böse im Alleingang stoppen kann – denn sonst würde er es auch tun! Gott würde vermeidbares Böses *immer* zu verhindern suchen. Wir müssen Gottes Macht im Licht der Liebe, die Jesus zum Ausdruck bringt, neu überdenken.

SELBST EIN (ALL-)MÄCHTIGER GOTT VERMAG MANCHES NICHT ZU TUN

Zu sagen: „Gott kann das Böse nicht aufhalten", bereitet manchen Menschen Unbehagen. „Aber das ist doch der Gott, der das Universum erschaffen hat", sagen sie. „Das ist der souveräne Herr. Dies ist der Gott der Bibel; der Gott der Wunder, der Auferstehung und mehr. Das ist G-O-T-T!"

Ich verstehe diese Reaktionen. Neue Ideen brauchen Zeit, um aufgenommen zu werden, und die Idee, dass Gott das Böse nicht im Alleingang verhindern kann, ist für die meisten neu. Aber die Bibel ist Beispiel Nummer eins, dass Gott uns ermutigt, auf neue Weise zu denken. Persönliche Tragödien und unnötiges Leiden können uns dazu veranlassen, nach Überzeugungen zu suchen, die hilfreicher sind als die, die uns überliefert wurden.

Es wäre ein Fehler zu glauben, dass der Gott, den ich beschreibe, inaktiv oder ein Weichei sei. Der Gott, der das Böse nicht verhindern kann, ist unser Schöpfer. Wenn wir die göttliche Macht sorgfältig definieren, kann dieser Gott zu Recht „*allmächtig*" genannt werden. Der Gott, der andere nicht kontrollieren kann, vollbringt Wunder, Heilungen, Auferstehungen und mehr.[1]

Der Gott, der das Böse nicht verhindern kann, ist immer noch machtvoll!

Gott ist nicht schwach oder unnahbar, sondern stark und aktiv. Wir sollten den großen, erstaunlichen und mächtigen Gott der Liebe anbeten, der das Böse nicht im Alleingang verhindern kann. Gott ist die machtvollste Liebe im Universum. Ich preise diesen Gott oft!

Warum kann also ein mächtiger und liebender Gott das Böse nicht verhindern?

Ich beginne die Antwort mit Aussagen der Bibel. Es überrascht viele, zu entdecken, dass biblische Autoren sagen, Gott könne manche Dinge *nicht* tun. „Gott kann nicht lügen", sagt Titus (1,2). „Gott kann nicht versucht werden", sagt Jakobus (1,13). „Gott kann nicht müde werden", sagt Jesaja (40,28).

Besonders gefällt mir eine Aussage des Apostels Paulus: „Wenn wir untreu sind, bleibt er treu", schreibt er, „denn Gott kann sich selbst nicht verleugnen" (2Tim 2,13).

„Gott kann sich selbst nicht verleugnen", präsentiert uns einen Schlüsselgedanken, und ich werde darauf zurückkommen. An dieser Stelle möchte ich einfach festhalten, dass die *Bibel* sagt, dass Gott manche Dinge nicht tun kann. Es ist biblisch zu sagen, dass Gottes Macht in gewisser Weise „begrenzt" ist.

Es überrascht Menschen auch, wenn sie entdecken, dass die meisten renommierten Theologen der Geschichte gesagt haben, Gott könne manche Dinge nicht tun. Dazu zählt zum

Beispiel, dass Gott nicht aufhören kann zu existieren, weil Gott notwendigerweise existiert; oder, dass Gott keinen Felsen schaffen kann, den er selbst nicht hochheben kann. Viele Theologen sagen auch, Gott könne die Vergangenheit nicht ändern. Gott kann nicht sündigen. Und so weiter. C.S. Lewis drückte es so aus: „Nicht einmal die Allmacht kann tun, was ihr selbst widerspricht." [2]

Diese Aussagen – in der Bibel sowie von brillanten Theologen und Philosophen – gehen von Wahrheiten über Gottes Natur aus. Inspirierte Schriftsteller und weise Geistliche identifizieren Handlungen und Dinge, die Gott *nicht* tun *kann*, gerade deshalb, *weil* er Gott *ist*.

Gott kann nicht in Opposition zu seinem eigenen, göttlichen Wesen stehen.

GOTT IST LIEBE

Je nachdem wie wir uns Gottes Charakter vorstellen, also wer Gott ist, hat das einen immensen Einfluss auf unsere Denkweise, wie Gott handelt und was er tut.

Also... wer *ist* Gott?

Große Frage! Wir könnten versucht sein zu sagen, dass wir keine Ahnung haben. Wer sind wir, dass wir wissen könnten, wer und wie Gott ist? Nicht wenige Menschen – vom Durchschnittsbürger bis zum Gelehrten – vermeiden es, über Gott zu spekulieren. Einige behaupten nur zu wissen, was Gott *nicht* ist.

Narren sagen, sie kennen Gott ganz und gar. Nur ein sich selbst überschätzender Mensch behauptet, Gott durchschaut zu haben. So wie ich das sehe, ist Gott jenseits unseres vollständigen Wissens, und fast jeder Theologe würde mir zustimmen. Gott kann nicht vollständig begriffen werden.

Wir haben jedoch *einige* Ideen, Intuitionen oder Kenntnisse von Gott. Fast jeder beschäftigt sich einmal mit ultimativen Fragen und der Möglichkeit einer ultimativen Realität, die die meisten Menschen „Gott" nennen. In unseren Herzen haben wir Vorstellungen vom Göttlichen, auch wenn sie partiell und unpräzise sind. Doch für viele macht der Gedanke Sinn, dass Gott ein Bestreben hat, sich selbst zu offenbaren, weil Gott wahrscheinlich will, dass man ihn kennt.

Wir können nicht viel mit Sicherheit wissen, und wir irren uns oft in unseren Ansichten. Aber wir *können* Gott zum Teil kennen, auch wenn unsere Erkenntnis nebulös und unvollständig ist.

In Demut sollten wir versuchen, Gott besser zu verstehen. Wir sollten tief über die Schrift, unsere Intuitionen, unsere Erfahrungen und das, was weise Menschen sagen, nachdenken. Wir sollten unseren Kopf und unser Herz einsetzen.

Außerdem macht es keinen Sinn, zu sagen, dass wir an Gott glauben, und gleichzeitig zu sagen, dass wir keine Ahnung haben, wer Gott ist!

Ich verlasse mich bei meiner Gotteserkenntnis sehr – aber nicht ausschließlich – auf die Bibel. Die Bibel ist kein logisches System, und sie sagt viele unterschiedliche Dinge. Wir interpretieren die Bibel durch unsere Lebenslinse und versuchen, ihr einen Sinn zu geben. Wenn wir sagen: „Ich verlasse mich auf die Bibel", heißt das nicht, dass ich alles weiß, oder dass die Bibel uns alles über Gott sagt. Aber die Heilige Schrift ist für viele und für mich zur wertvollen Quelle geworden, wenn wir ehrlich versuchen, sie zu verstehen.

Leider benutzen einige Christen die Bibel als Waffe. Die Opfer zucken zusammen, wenn mal wieder ein „Bibelverfechter"*

Kapitel Eins: Gott kann Böses nicht verhindern

einen Vers zitiert, um zu „beweisen", warum Gott Leiden verursacht oder zulässt. (*Anm. der Übersetzer: Der vom Autor hier gewählte Begriff des „Bible thumpers" verweist auf die in manchen Kreisen übliche Sitte, zur Bestätigung seiner Meinung auf die Bibel zu pochen.) Die Bibel kann ein Auslöser von Traumata sein, und Überlebende brauchen oft eine Pause von den selbsternannten „Bibelspezialisten". Manche Texte können unsere Herzen in Schrecken versetzen, wenn sie nicht durch die Linse der Liebe verstanden werden.

Andere Christen nutzen die Bibel wie eine Medizinflasche und ihre Verse wie Pillen. Sie fragen: „Hast du ein Problem?" Dann raten sie: „Hier, nimm eine Schriftpille; sie wird dich gesund machen, egal was dich quält."

Oder sie behandeln die Bibel wie ein Zauberbuch. Sage die richtigen Worte – quasi als Beschwörungsformeln – und siehe da: alle Fragen sind beantwortet. „Die Bibel sagt deutlich", argumentieren diese Personen besonders gerne.

Ich glaube nicht, dass die Bibel so funktioniert. Die breiten Themen der Bibel helfen uns, Gott und das Leben zu verstehen. Aber wir müssen uns dagegen wehren, zu denken, die Bibel sei eine Waffe, eine Medizinflasche oder ein Zauberbuch. Und sie ist auch keine systematische Theologie. Während es wichtig ist, die Details zu erforschen, ist es wichtiger, die Hauptgedanken der Bibel zu erfassen.

Die Bibel lehrt uns vor allem, dass Gott liebt. Verletzte Menschen, wie du und ich, brauchen diese Botschaft. Das Alte Testament zeugt von der unerschütterlichen Liebe Gottes, und das Neue Testament bezeugt dies auch. Jesus offenbart die göttliche Liebe sicher am deutlichsten. Doch tiefgründige Aussagen über Gottes Liebe finden wir in der gesamten Heiligen Schrift.

Gott kann das nicht!

Einige Bibelstellen beschreiben Gott, das gebe ich zu, als unbarmherzig. Nicht jede Passage zeichnet ein Bild reiner göttlicher Liebe. Bibelstellen, die von Gott als unbarmherzig sprechen, spiegeln oft die eigene Frustration, den Schmerz oder den Zorn der Leidenden wider. Sie drücken die Schreie der Unterdrückten aus. Diese Bibelstellen liefern keine genaue Beschreibung des Gottes, der immer liebt. Doch die Mehrzahl der Textpassagen, Begebenheiten und Aussagen der Bibel zeigt, dass Gott alle Menschen immerfort liebt. Und ich akzeptiere dieses überwiegende Zeugnis.

In seinen Worten, in Leben, Tod und Auferstehung, offenbart Jesus die göttliche Liebe am deutlichsten. Das Kinderlied ist wahr: „Jesus liebt mich, ganz gewiss, denn die Bibel sagt mir dies." Tatsächlich inspiriert mich das liebevolle Leben und Wirken Jesu, ihm nachzufolgen.

Das Zeugnis von der Liebe Gottes erlebt gegen Ende der Bibel ein Crescendo. Ein einfacher Satz drückt dies aus: „Gott ist Liebe" (1Joh 4,8+16). Die Gläubigen interpretieren den Satz auf verschiedene Weise, aber „Gott ist Liebe" gibt Anlass, mit Zuversicht zu glauben, dass Gott immer alle Menschen liebt. Der Theologe und Dichter Charles Wesley drückt es so aus: „Dein Name und Dein Wesen ist Liebe."

Und was ist Liebe? Liebe ist zielgerichtetes Handeln in Beziehung zu Gott und anderen, das darauf abzielt, Gutes zu tun. Liebe fördert das Wohlbefinden. Sie fördert das Gedeihen, ein Leben in Fülle und Segen. Formal ausgedrückt bedeutet zu lieben, Gott und den Menschen gegenüber bewusst zu handeln, um damit das allgemeine Wohlergehen zu fördern.

Gottes Liebe wirkt immer zum Guten, denn Gott ist Liebe.

GOTTES NATUR IST DIE NICHT KONTROLLIERENDE LIEBE

Um dem Gedanken einen Sinn zu geben, dass Gott das Böse nicht im Alleingang verhindern *kann*, möchte ich weiter ausholen. Aus verschiedenen Gründen – einschließlich der unnötigen Schmerzen und Leiden, die wir erfahren – macht es Sinn, zu verstehen, dass Gottes Liebe von *Natur aus* nicht kontrollierend – d. h. nicht erzwingend und nicht manipulierend – ist. Liebe beherrscht nicht und sie manipuliert nicht. Sie „drängt sich anderen nicht auf", um den Apostel Paulus zu zitieren (1Kor 13,5). Liebe manipuliert, beherrscht oder diktiert nicht in einer Weise, die keine freie Reaktion zulässt. Liebe kontrolliert nicht.

Wenn ich sage, dass Gott „das Böse nicht verhindern" kann, dann meine ich, dass Gott nicht in der Lage ist, Menschen, andere Geschöpfe oder Umstände, die Böses verursachen, in obigem Verständnis zu kontrollieren. Weil Gott immer liebt und Gottes Liebe nicht kontrollierend ist, *kann* Gott keine erzwingende Kontrolle ausüben. Der Gott, der andere Menschen oder Umstände nicht kontrollieren kann, kann das Böse daher nicht im Alleingang verhindern.

Gottes Liebe bestimmt, was Gott tun kann.

Ich kann mir die Schreie einiger vorstellen, die diese Erklärungen gelesen haben. „Willst du damit sagen, dass Gott begrenzt ist?", werden sie fragen. „Wer bist du, dass du Gott begrenzt?!" Ungeachtet dessen, was ich aus der Bibel und von Theologen zitiert habe, erscheint die Vorstellung, Gott *könne* etwas nicht tun, vielen als ketzerisch. „Ich glaube an einen *unbegrenzten* Gott", werden sie antworten.

Es ist wichtig zu erkennen, dass *ich* Gott keine Grenzen setze. Vielmehr bestimmt, formt oder lenkt Gottes liebende *Natur*, was Gott tun kann. Äußere Mächte, Naturgesetze oder Satan schränken Gott nicht wesentlich ein. Begrenzungen von Gottes Macht kommen nicht von außen.

Gott entscheidet sich auch nicht frei dafür, sich selbst zu begrenzen. Gott entscheidet nicht freiwillig, andere nicht zu kontrollieren, wenn er es könnte. Das wäre wieder die „Gott will nicht" Ansicht. Anstatt von außen begrenzt oder freiwillig selbst begrenzt zu sein, prägt Gottes *Natur der Liebe* das, was Gott tut.

Göttliche Liebe gibt sich immer hin für andere. Göttliche Liebe baut andere auf. Sie gibt komplexen Geschöpfen wie dir und mir Freiheit. Sie gibt weniger komplexen Geschöpfen wie Organismen und Zellen Handlungsfähigkeit und die Fähigkeit zur Selbstorganisation. Gottes Liebe ist die Quelle sowohl der Spontanität als auch der Regelmäßigkeit, die wir in der Natur und im Universum sehen. Als Schöpfer schenkt Gott der ganzen Schöpfung die Existenz, und diese Gaben sind unwiderruflich (Röm 11,29).[3]

Weil Gott sich selbst hingibt, damit andere durch seine Liebe bestärkt werden, und weil Gott alle Geschöpfe – von den komplexesten bis zu den kleinsten – liebt, kann Gott nicht kontrollieren. Da Gott alle und alles liebt, kann Gott niemanden und nichts kontrollieren. Das bedeutet, dass ein Gott der nicht kontrollierenden Liebe auch Übeltäter nicht kontrollieren kann, um ihre niederträchtigen Taten zu verhindern.

Wir haben vorhin die Passage aus der Bibel gelesen, in der es heißt: „Gott kann sich selbst nicht verleugnen." Wir sehen jetzt, wie sich dies auf die Fragen nach Gottes Macht und seinen Umgang mit dem Bösen auswirkt. Wenn Gottes Natur Liebe ist und diese Liebe niemals kontrollierend ist, müsste Gott seine Liebe verleugnen, wenn er mit Zwang und Kontrolle arbeitet. Aber das kann Gott nicht tun.

Die Grenzen der göttlichen Macht ergeben sich aus Gottes Natur der Liebe.

Ich nenne diese Ansicht „wesentliche Kenosis". Das Wort „Kenosis" stammt aus der Bibel und wurde mit „Selbst(hin)gabe" oder „Selbstentäußerung" übersetzt. Jesu dienendes Leben und sein Tod am Kreuz veranschaulichen zutiefst die sich selbst gebende Liebe Gottes (vgl. Phil 2).

Das Wort „wesentlich" weist darauf hin, dass diese „Selbstgabe" und die Ermächtigung anderer in Gottes *Wesen* begründet liegen. Andere zu lieben ist das, was Gottes Wesen und Handeln ausdrückt. „Wesentliche Kenosis" besagt, dass Gott die seiner Schöpfung geschenkte Freiheit, Handlungsfähigkeit und Existenz, niemals einschränken, zurückziehen oder außer Kraft setzen kann. Gottes Liebe ermächtigt immer, überwältigt nie und ist von Natur aus nicht kontrollierend.[4] In diesem Sinne *KANN* Gott andere Menschen nicht kontrollieren.

Vielleicht verstehst du jetzt, warum Gott das Böse nicht verhindern *kann*.

DER BOMBENANSCHLAG IN OKLAHOMA CITY

Am 19. April 1995 setzten Timothy McVeigh und Terry Nichols einen mit Sprengstoff beladenen Lastwagen ein, um ein Bundesgebäude in Oklahoma City zu bombardieren. Einhundertachtundsechzig Menschen starben; fast siebenhundert wurden verletzt; Tausende unterzogen sich später einer Therapie aufgrund der durch den Anschlag verursachten Traumata.

Gott kann das nicht!

McVeigh wurde hingerichtet, weil er der Hauptterrorist war. Nichols wurde zu lebenslanger Haft verurteilt. Aber am interessantesten finde ich das Schicksal ihres Freundes Michael Fortier.

Fortier war bei dem Bombenanschlag nicht anwesend. Er half auch nicht bei der Vorbereitung der Bombe. Er war kein aktiver Teilnehmer an diesem schrecklichen Terrorakt.

Michael Fortier wusste jedoch, was McVeigh und Nichols vorhatten, aber er tat nichts, um es zu verhindern. Fortier alarmierte weder die Behörden noch versuchte er, diesen Terrorakt auf andere Weise zu verhindern. Er entschied sich für die Rolle des Beobachters.

Fortier wurde verhaftet und des Verbrechens angeklagt, den Bombenanschlag in Oklahoma City nicht verhindert zu haben. Er hätte die Behörden warnen müssen, sagte die Jury. Michael Fortier wurde für schuldig befunden und zu zehn Jahren Gefängnis verurteilt.

Moralisch reife Menschen sind nicht der Meinung, dass Fortier das Richtige getan hat, als er den Terroranschlag zuließ. Ein liebender Mensch hätte diese Tragödie nicht zugelassen, wenn er sie hätte verhindern können. Fortier beging diese heimtückische Tat nicht selbst, aber er hatte – obwohl es ihm möglich gewesen wäre – auch nichts unternommen, um sie aufzuhalten.

Er ist kein Beispiel für Liebe.

Denk einmal darüber nach: Wenn Michael Fortier zu Recht dafür bestraft wird, dass er es versäumt hat, das vermeidbar Böse zu verhindern, warum sollte man dann denken, dass es liebevoll und gut ist, wenn Gott versäumt, das Böse zu verhindern – wenn es ihm möglich wäre, es zu stoppen? Wenn es bei

Kapitel Eins: Gott kann Böses nicht verhindern

Fortier keine Liebe ausdrückte, das vermeidbare Böse zuzulassen, warum sollte man dann denken, dass dieses Verhalten aus Gottes Sicht Liebe darstellt? Jeder denkt, Gott sei stärker als Fortier. Die meisten denken, dass Gott den Bombenanschlag in Oklahoma City vorhersehen konnte, lange bevor er passierte. Wenn Fortier der Verachtung würdig ist, dann ist der Gott, der Böses zulässt, ebenso zu verachten, vielleicht sogar mehr. Wenn Fortier schuldig ist, weil er den Bombenanschlag nicht verhindert hat, dann ist ein Gott, der ihn im Alleingang einfach hätte stoppen können, ebenso schuldig.

Wer es nicht umsetzt, vermeidbares Übel zu verhindern, ist in letzter Konsequenz nicht liebevoll.

ER SITZT NICHT AUF EINEM HIMMLISCHEN THRON

Wir brauchen noch ein weiteres Element, um zu erklären, warum Gott das Böse nicht im Alleingang verhindern kann. Diese Grundidee basiert auf dem traditionellen Glauben, dass Gott ein universeller Geist ist.

Gläubige haben seit Jahrtausenden darum gerungen, Gottes Gestalt oder sein Wesen zu begreifen. Ist Gott irgendwo, nirgendwo oder überall zu finden? Können wir Gott sehen, hören, schmecken, riechen oder berühren? Hat der Schöpfer einen Körper wie wir ihn haben?

Die Bibel gibt keine klaren Antworten auf diese Fragen. Die Mehrheit der Texte sagt, dass Gott keinen ortsgebundenen, göttlichen Körper hat. Sie sagen, dass Gott ein universeller Geist ist, der in der ganzen Schöpfung gegenwärtig ist. Und wir können diesen universellen Geist nicht mit unseren fünf Sinnen wahrnehmen.

Gott kann das nicht!

Jedes Geschöpf unterscheidet sich in entscheidender Weise von Gott: Sie haben ortsgebundene, materielle Körper, die ein gewisses Maß an körperlicher Wirkung auf andere ausüben können. Aber Gott hat keinen materiellen, göttlichen Körper.

Ich erinnere mich, dass ich als Kind Comics las, in denen Gott als ein riesiger, gesichtsloser Körper dargestellt wurde. Er – und es war immer ein „Er" – saß auf dem Thron des Himmels und trug ein weißes Gewand. Lichtstrahlen breiteten sich von allen Seiten aus. Damals dachte ich: „Gott muss sein Gewand wohl dampfbügeln, bevor er für Künstler posiert!"

Ich war von diesen Vorstellungen nicht beeindruckt. „Wie könnte Gott im gesamten Universum gegenwärtig sein, wenn er auf einem Thron in den Wolken sitzt?", fragte ich mich. Ich dachte an die Worte des Apostels Johannes: „Niemand hat Gott je gesehen" (1Joh 4,12). Andere Bibelverse sprechen davon, dass Gott in der ganzen Schöpfung gegenwärtig ist, und zwar „zeitgleich". Schon früh bezweifelte ich, dass Gott starr auf seinem himmlischen Thron posieren oder sich stundenlang in seinem Lehnsessel ausruhen würde.

Viele Glaubenstraditionen bestehen darauf, dass Gott keine Form hat. Einige halten sogar Zeichnungen von Gott für blasphemisch... Comics wären „verdammt"! Physische Objekte werden zu Götzen, wenn wir sie buchstäblich als göttlich betrachten. Religiöse Ikonen mögen zwar unsere Gedanken auf Gott ausrichten, aber Gottheiten sind sie trotzdem nicht.

Wie die meisten Theologen im Laufe der Geschichte denke ich, dass Gott ein universeller Geist ohne einen materiellen Körper ist. Jesus drückte es einfach aus: „Gott ist Geist" (Joh 4,24); auch andere biblische Texte stimmen dem zu. Theologen sagen oft, Gott sei „unkörperlich", d.h. ohne einen Körper, oder „immateriell". Weil Gott ein universeller Geist ist, hat Gott weder Form noch Größe oder Gewicht wie wir.

Die Verfasser der Bibel verwenden verschiedene Begriffe, um den „Stoff" zu beschreiben, aus dem Gott besteht. Manche vergleichen Gott mit dem Atem, dem Gedanken, dem Feuer oder dem Wind. Keiner dieser Begriffe beinhaltet einen göttlichen Körper.

In den letzten Jahrhunderten haben Gläubige versucht, Gott mit Schwerkraft, Licht oder Sauerstoff zu vergleichen. Diese Begriffe beschreiben Gott, der die Schöpfung beeinflusst, ohne eine lokalisierte, physische Form zu haben. Während die meisten Christen glauben, dass sich dieser geistliche Gott in Jesus verkörpert hat, glauben sie nicht, dass Gott im Wesentlichen als eine materielle, physische Gestalt existiert.

Gott ist ein körperloser, universeller Geist.

EIN GEIST OHNE KÖRPER

Die Aussage, Gott sei ein universeller Geist, spielt eine entscheidende Rolle bei der Erklärung, warum Gott das Böse nicht verhindern kann, obwohl Geschöpfe das manchmal können.

Um es einfach auszudrücken: Gott hat keinen göttlichen Körper, mit dem er Böses in dieser Welt abwehren oder Geschöpfe davor retten könnte. Im Gegensatz dazu haben Geschöpfe einen Körper, mit dem sie körperlich auf andere einwirken können. Und Geschöpfe benutzen manchmal ihren Körper, um das Böse aufzuhalten.

Stell dir vor, du und ich gehen eine belebte Straße entlang. Ohne auf den Verkehr zu achten, trittst du vom Bürgersteig auf die Fahrbahn. Dabei übersiehst du, dass ein Sattelschlepper

Gott kann das nicht!

die Straße entlang auf dich zufährt. Ich aber sehe ihn und ziehe dich aus dem Weg des LKWs. Erschrocken und mit den Nerven am Ende stellst du dir später vor, was hätte passieren können! Beachte in diesem imaginären Szenario, dass du beim Betreten der Straße frei gehandelt hast. Niemand zwang dich, niemand kontrollierte dich. Und beachte, dass ich in der Lage war, deine freie Entscheidung zu vereiteln, indem ich meinen Körper (insbesondere meine Hände) einsetzte. Ich habe dich zumindest vor schweren Verletzungen und vielleicht sogar vor dem Tod bewahrt – ein liebevoller Akt –, indem ich deinen Körper daran hinderte, sich in die von dir gewünschte Richtung zu bewegen.

Wenn es für mich liebevoll ist, dich daran zu hindern, dich aus freien Stücken selbst zu verletzen, wäre es dann nicht auch liebevoll, wenn Gott dasselbe tun würde? Wenn ich manchmal die freien Handlungen anderer vereiteln kann, warum kann Gott es dann nicht?

Oder stell dir vor, du campst mit deiner Familie. Eines Abends steht deine dreijährige Nichte um ein prasselndes Lagerfeuer herum und marschiert in einem leicht brennbaren Nachthemd ohne Zögern den Flammen entgegen. In der Nähe stehend, packst du sie am Ärmel und rettest sie so vor schweren Verbrennungen. Auf der anderen Seite des Feuers sieht ihr Vater die ganze Angelegenheit und dankt dir danach ausgiebig.

Wenn es für dich liebevoll ist, deine Nichte daran zu hindern, sich unbedacht selbst zu verletzen, wäre es dann nicht liebevoll, wenn Gott dasselbe tun würde? Wenn wir manchmal die freie Wahl eines anderen Menschen behindern können, warum kann Gott das nicht?

Kapitel Eins: Gott kann Böses nicht verhindern

Hier kommt es darauf an, zu erkennen, dass Gott ein „universeller Geist" ohne physischen Körper ist. Gott hat keine materielle Hand, die uns buchstäblich aus dem Weg entgegenkommender Autos reißt oder uns ergreift, bevor wir in ein Feuer geraten. Gott hat keine göttlichen Arme und Beine, um Menschen aus einem Kriegsgebiet zu tragen. Gott hat keinen Körper, der sich zwischen Bewaffnete und potenzielle Opfer stellt. Gott hat keine Arme, um eine verzweifelte Person zu umarmen, damit sie sich nichts antut. Aber weil Geschöpfe ortsgebundene, physische Körper haben, können sie manchmal das Böse verhindern.

Ein körperloser, universeller Geist kann nicht das tun, was körperliche Geschöpfe manchmal tun können. Doch obwohl Gott keinen Körper hat, ist er in allen Situationen gegenwärtig und aktiv. Göttliche Kraft ist direkt, überzeugend, allgegenwärtig, umwerbend, kausal, aber nicht kontrollierend. Gottes liebendes Wesen macht tatsächlich einen Unterschied, aber ohne erzwingende Macht, Kontrolle oder einen göttlichen Körper zu nutzen.

Gott ruft seine Geschöpfe auf, ihren Körper zum Guten zu gebrauchen. Wenn ich dich aus dem Weg eines Lastwagens ziehe oder du deine Nichte aus den Flammen rettest, war Gott die liebende Inspiration für dieses gute Eingreifen. Wenn wir entsprechend auf Gottes Inspiration reagieren, könnte man sagen, dass wir zu Gottes Körper werden. Das ist natürlich nicht wörtlich zu verstehen. Kooperative Geschöpfe erweitern vielmehr Gottes Möglichkeiten. Wir werden – ohne Gott zu sein – zu Gottes ausführenden Händen und Füßen.

Doch körperliche Geschöpfe können sich auch weigern, mit Gott zusammenzuarbeiten. Die Opfer kennen das aus eigener

Erfahrung am besten. Menschen und andere Geschöpfe können sich weigern, als Hände und Füße Gottes zu handeln. Zu Recht werfen wir solchen unkooperativen Menschen vor, Unheil, das Gott nie gewollt hat, zu verursachen oder es zumindest zuzulassen.

Gott ist ein universeller Geist und hat keinen physischen, göttlichen Körper, um Unheil fernzuhalten.

WIR SIND KEINE ROBOTER
Als liebender Schöpfer erschafft Gott Geschöpfe, die er nicht kontrolliert.

Mit „nicht kontrolliert" meine ich, dass Gott je nach der Komplexität eines Geschöpfes ständig Freiheit, Selbstorganisation, Handlungsfähigkeit oder die Macht zum Handeln schenkt. Gott erschafft alle Dinge, beeinflusst ständig alles, aber kontrolliert es nicht.

Um es anders auszudrücken: Gott erschafft keine Roboter.

Gott schafft freie Geschöpfe, und der Mensch scheint das freieste von allen zu sein. Natürlich ist niemand völlig frei. Unsere Geschichte, unser Körper, unsere Umwelt, unsere Gene und andere Faktoren schränken uns ein und formen uns. Andere Menschen und Faktoren erweitern oder vermindern unsere Freiheit. Unbegrenzte Freiheit ist ein Mythos.

Wir können durch andere beeinflusst werden, auch wenn wir es nicht wollen. Manchmal hilft dieser ungebetene Einfluss. Säuglinge profitieren zum Beispiel von der Mutterliebe, die sie nicht frei wählen können. Feuerwehrleute tragen manchmal bewusstlose Opfer aus brennenden Häusern. Wir profitieren von der liebevollen Aufopferung der Vorfahren, die wir nie kennengelernt haben.

Kapitel Eins: Gott kann Böses nicht verhindern

Aber ungebetener Einfluss schadet auch manchmal. Überlebende von Angriffen wissen das. Das erfahren auch diejenigen, die unter Formen des Missbrauchs leiden. Die Sünden unserer Väter und Mütter oder fremder Menschen – sowohl in der Vergangenheit als auch in der Gegenwart – schaden uns auf eine Weise, die wir oft nicht vermeiden können. Die Opfer wissen, dass ungewollte Gewalt schädigt und zerstört.

Wir leben inmitten von Beziehungen, die helfen oder schaden. Die Vorstellung, dass ein liebender Gott keine Roboter erschafft, hilft uns, Gottes Handeln zu verstehen. Biblische Begebenheiten erzählen von Gottes Einfluss auf Menschen, Esel, Bäume, den Himmel und mehr. Manchmal ist Gottes Handeln einschneidend. Meist ist Gottes Handeln jedoch sanft und unauffällig.

Es ist verlockend zu denken, dass die Bibel sagt, Gott habe *allein* etwas geschehen lassen, aber die Bibel sagt dies nie ausdrücklich. Manche meinen, dass Gott den Körper eines Geschöpfes übernimmt oder es zu irgendeinem Zweck kontrolliert, aber auch das sagt die Bibel nicht ausdrücklich. Wenn das wahr wäre, würde Gott diese Person vorübergehend zu einem Roboter machen. Automaten sind konstruierte – nicht selbstbestimmte – Maschinen, die weder zu echten Beziehungen fähig sind, noch eigenständig lieben können.

Ein nicht beherrschender Gott erschafft uns weder als Roboter noch robotisiert er uns vorübergehend. In allen Bereichen, von der Menschwerdung Gottes in Jesus bis hin zum Wirken in den kleinsten Geschöpfen, handelt Gott ohne zu kontrollieren. Gerade dieses Nicht-Vorhandensein an Kontrolle – auf allen Ebenen der Existenz – macht liebevolle Beziehungen erst möglich.

Wenn komplexe Geschöpfe mit Gott zusammenarbeiten, geschehen gute Dinge. Liebe gedeiht. Frieden blüht auf. Erstaunliche Wunder können geschehen. Wenn komplexe Geschöpfe nicht mit Gott zusammenarbeiten, geschieht Böses. Unnötige Schmerzen und sinnloses Leiden treten auf. Die Dämonen tanzen.

Weil ein liebender Gott uns und andere Geschöpfe nicht zu Robotern gemacht hat, sind Gut und Böse möglich.

GOTT KÄMPFTE, GOTT VERLOR

Bei dem vierjährigen Henry entwickelte sich ein Hirntumor. In ihrem Buch, *Lord Willing?* beschreibt Henrys Mutter Jessica, wie sie versuchte, irgendwie damit fertig zu werden.

Freunde und Fremde gaben typische Erklärungen ab. Einige sagten, Gott habe Henry den Tumor „gegeben", weil es ihm so gefiel! „Soll ich wirklich glauben, dass Gott in Kreativität und Ressourcen so begrenzt ist", schreibt Jessica als Antwort, „dass er meinen vierjährigen Sohn töten musste, um Gutes zu bewirken?"

An diejenigen, die glauben, dass Henrys Schmerz und Tod Gottes Strafe waren, stellt Jessica rhetorisch kraftvolle Fragen: „Sollen wir daraus schließen, dass *alles* Leiden Gottes Disziplinierung ist? Was ist mit Nationen von hungernden Menschen? Oder Millionen, die bei Völkermorden umkommen? Was ist, wenn kleine Jungen an großen Tumoren sterben, im Bett ihrer Eltern? Könnte man das jemals, jemals Liebe nennen?"

Jessicas Erklärung für den Tod ihres Sohnes macht mehr Sinn. „Henry wurde auf Erden nicht geheilt", sagt sie, „aber nicht, weil eine göttliche Blaupause seinen Tod forderte." Ich glaube, Gott tat alles Mögliche, um das Gute zu maximieren und das Böse zu minimieren, da eine bösartige Krankheit seinen liebenden Willen durchkreuzte.

Wenn Gott alles getan hat, um zu helfen, warum hat Henry an diesem Tumor gelitten und ist schließlich gestorben? „Ich glaube, Gott hat gekämpft, und ich glaube, Gott hat verloren", sagt Jessica. „Aus welchem Grund auch immer, in diesem speziellen Fall konnte er meinen kleinen Jungen nicht heilen."

Gott *konnte* ihren Sohn *nicht* heilen; Jessica glaubt, dass Gott das Böse nicht im Alleingang verhindern kann.

„Es mag schockierend oder beunruhigend klingen, zu behaupten, dass Gott etwas nicht tun *kann*", gibt Jessica zu. „Aber bedenkt einmal Folgendes: Wenn Gott eine Vergewaltigung verhindern, eine Kugel aufhalten oder einen bösartigen Tumor heilen *könnte*, es aber *nicht tut*, dann versäumt er es, seine Liebe zu zeigen. ... Und wenn wir *etwas* über Gott wissen, dann, dass er *Liebe ist*."[5]

Jessica versteht die Logik der nicht kontrollierenden Liebe Gottes.

„DIE HÜTTE" MACHT ES *FAST* RICHTIG

William Paul Youngs Bestseller „Die Hütte" befasst sich mit Fragen über Gott, die Liebe und das Böse. Young ist ein ausgezeichneter Geschichtenerzähler, indem er bestimmte Themen miteinander verknüpft, um hilfreiche Antworten zu geben.[6]

Die Handlung von Youngs fiktiver Geschichte dreht sich um die Entführung und Ermordung der jungen Missy. Das schreckliche Ereignis erschüttert die Familie, insbesondere ihren Vater Mac. Er kann nicht verstehen, warum ein liebender und mächtiger Gott dieses Übel zulassen würde.

Gott kann das nicht!

Eines Tages erhält Mac einen mysteriösen Brief mit einer Einladung zu der Hütte, in der die Polizei seine Tochter tot aufgefunden hat. Er nimmt die Einladung an und begibt sich zu dem Tatort, um dort dann aber niemanden vorzufinden. In seiner Verzweiflung begeht er beinahe Selbstmord.

Beim Verlassen der Hütte trifft Mac auf einen jungen Mann, der ihn einlädt, Gott zu begegnen. Mac nimmt die Einladung an und verbringt mehrere Tage im Gespräch mit Gott, dargestellt als eine Dreieinigkeit von drei Menschen. Er begegnet später auch der personifizierten Weisheit.

Der Großteil der Geschichte zeigt Mac in Gesprächen mit Gott und den Verstorbenen. Viele seiner Fragen werden beantwortet, und Mac erlebt eine heilsame Veränderung.

Mir gefällt *Die Hütte*. Sie stellt Gott als warmherzig, sympathisch und liebevoll dar und nicht als streng, zornig und distanziert. Wenn die Dreieinigkeit anwesend ist, finden wir Freude, Lachen, Tanzen, Verständnis und Offenheit vor.

Die Hütte stellt schwere Fragen, und die Antworten, die sie bietet, sind meist hilfreich. Gott wird zum Beispiel nicht als Ursache des Bösen dargestellt. „Ich arbeite unglaublich Gutes aus unsäglichen Tragödien heraus", sagt Gott. „Aber das bedeutet nicht, dass ich sie inszeniere." Gott ist gegenwärtig bei denen, die leiden: „Ich bin inmitten von allem und arbeite für euer Wohl." Als Reaktion auf Macs Zorn über Missys Tod sagt Gott als Dreieinigkeit: „Wir würden dich gerne heilen, wenn du es uns erlauben würdest". Und als Mac sagt: „Jeder weiß, dass du die Menschen bestrafst, die dich enttäuschen", korrigiert Gott ihn: „Nein. Ich brauche nicht zu bestrafen. Ihre Sünde ist ihre eigene Bestrafung."

Die Hütte gibt keine Antwort auf alle Fragen; diejenigen,

Kapitel Eins: Gott kann Böses nicht verhindern

die leiden, fragen zum Beispiel oft: „Warum hat Gott das Böse, das mir passiert ist, nicht *verhindert*?"

Mac fragt Gott: „Was kann Gutes hervorkommen, wenn jemand von einem kranken Monster ermordet wird? Warum hältst du das Böse nicht auf?" Er bekommt keine Antwort.

„Gott tut vielleicht nichts Böses", sagt Mac, „aber er hat das Böse auch nicht aufgehalten. Wie kann Papa Missys Tod zulassen?" Wieder keine Antwort.

„Du bist der allmächtige Gott mit grenzenloser Macht", sagt Mac, „aber du hast mein kleines Mädchen sterben lassen; Du hast sie im Stich gelassen." Gott ignoriert hier die Anklage: „du hast mein kleines Mädchen sterben lassen..." und antwortet nur auf den Vorwurf des Verlassens: „Ich war immer bei ihr."

Mac stellt die richtige Frage, erhält aber keine Antwort. Trotz der positiven Aspekte von *Die Hütte* bietet die Geschichte keinen glaubwürdigen Grund, warum ein guter und mächtiger Gott das echte Böse nicht *verhindert*.

Die Hütte kann die primäre Frage der Opfer nicht beantworten.

DAS PROBLEM MIT DEM RÄTSELHAFTEN

In *Die Hütte* sagt Gott mehrmals zu Mac: „Du verstehst dieses Mysterium nicht richtig." An einem Punkt sagt der Geist: „Du versuchst, der Welt einen Sinn zu geben, indem du ein unvollständiges Bild betrachtest." Und die Weisheit stellt Macs Fähigkeit in Frage, über Gut und Böse zu urteilen, was impliziert, dass er nicht in der Lage ist, solche Urteile zu fällen.

Menschen, die glauben, Gott *könne* das Böse aufhalten, berufen sich oft auf ein Mysterium. Sie sagen zu Recht, Gott sei

Gott kann das nicht!

klüger als wir, aber sie glauben fälschlicherweise, unsere Unkenntnis sei die beste Antwort.

Wenn es darum geht, Gott wirklich zu kennen, müssen wir zugeben, dass das nur bis zu einem gewissen Grad möglich ist (bzw. laut Paulus „Stückwerk" ist), so dass etwas Unkenntnis unvermeidlich ist. Unsere Ansichten über Gott sind nie zu 100% wahr. Wir nehmen Gott so wahr, als ob wir durch eine trübe Fensterscheibe schauen.

Aber ein Mysterium als Begründung zu bemühen, um zu hinterfragen, ob wir Gut und Böse beurteilen können, untergräbt den Glauben an Gottes Liebe!

Lass mich das genauer erklären. Die Hauptidee von *Die Hütte* ist, dass wir tief im Inneren akzeptieren sollten, dass Gott uns liebt. Ich befürworte diesen Gedanken, und das ist das zentrale Thema dieses Buches. Zu wissen, dass Gott uns, andere und die ganze Schöpfung liebt, ist tatsächlich die wichtigste Erkenntnis unseres Lebens!

In *Die Hütte* schilt Gott Mac, weil er meint, er könne Gut und Böse beurteilen. Mac wird gesagt, er schlussfolgere aus einem unvollständigen Bild, so dass er nicht wissen kann, was letztlich Liebe ist. Aber es ist unaufrichtig, wenn Gott Mac ermutigt, an die Liebe zu glauben, dann aber Macs Fähigkeit in Frage stellt, wissen zu können, was Liebe ist. Diese Art von Mysterium macht keinen Sinn.

Wenn wir nicht wissen können, was gut ist, macht es keinen Sinn zu sagen, Gott sei gut. Wenn wir den Unterschied zwischen Liebe und Bösem nicht kennen, sollten wir keine Freude empfinden, wenn wir denken, dass Gott uns liebt. Schließlich könnte diese Liebe auch böse sein!

Kapitel Eins: Gott kann Böses nicht verhindern

Wir sollten uns vor diesem Gott hüten, dessen Liebe so mystisch ist, dass wir nicht erkennen können, wenn der Teufel dahinter steckt!

Wäre *Die Hütte* zu dem Schluss gekommen, Gott könne das Böse nicht im Alleingang verhindern, hätte diese mystische Geheimniskrämerei vermieden werden können. Damit wäre die zentrale Frage beantwortet, welche die Überlebenden immer stellen. Zu akzeptieren, dass Gottes Natur nicht kontrollierende Liebe ist, macht einen riesigen Unterschied!

EIN LIEBENDER VATER

Die größte Stärke des Buches *Die Hütte* mag das Bild sein, das einen innig liebenden Gott zeichnet. Die Figuren dieses Buches nennen Gott „Papa", obwohl Gott, der Vater, als schwarze Frau, und der Geist als eine asiatische Frau, dargestellt werden. „Papa" spricht oft davon, „besonders menschenlieb" zu sein. Das gefällt mir!

Gott als ein liebendes Elternteil zu sehen, hilft uns, Gottes überzeugenden Einfluss als nicht kontrollierende Liebe zu verstehen. Natürlich sind menschliche Eltern nicht durchweg liebevoll, und manche lieben überhaupt sehr selten. Doch Gott ist anders.

Manche Menschen denken fälschlicherweise, wenn Gott uns oder die Schöpfung nicht kontrolliert, muss oder wird Gott nie etwas tun. Für sie ist Gottes Handeln entweder alles bestimmend oder nicht existent. In dieser Denkweise beherrscht Gott entweder alle oder er beeinflusst niemanden.

Aber es gibt einen Mittelweg zwischen Kontrolle und Abwesenheit, und das ist der Weg der Liebe.

Gott kann das nicht!

Fürsorgliche Eltern – Mamas und Papas – bringen einen liebevollen Einfluss zum Ausdruck, der sich weder aufdrängt noch zurückzieht. Liebende Mütter und Väter managen nicht jede Kleinigkeit oder herrschen mit eiserner Faust. Und sie sind auch nicht abwesend. Liebende Väter und Mütter führen, belehren, überreden, rufen, korrigieren, überzeugen, ermutigen, stupsen an, lehren, warnen und mehr. Keine dieser Aktivitäten beinhaltet Kontrolle.

Vielleicht ist das beste Wort, um die andauernde elterliche Liebe zu beschreiben, „aufziehen/erziehen" (engl.: „nurture", was nähren, pflegen, fördern und erziehen beinhaltet). „Nurturing" bedeutet, das Leben der Kinder zu kultivieren, indem positive Erfahrungen, weise Unterweisung und Vergebung angeboten werden. Aber „Nurturing" bedeutet auch, mit dem eigenständigen Handeln des Kindes zusammenzuarbeiten, es nicht zu kontrollieren (was wohl manchen Erziehungsstilen widersprechen wird...).

Eltern, die konsequent lieben, ahmen die unerschütterliche Liebe Gottes nach. Tatsächlich nannte Jesus Gott „Abba", ein Wort für einen innig und beständig liebenden Vater. Abba heißt Papa.

Kinder arbeiten weise mit der elterlichen Liebe zusammen. Diese Zusammenarbeit setzt voraus, dem positiven Einfluss der Eltern freiwillig zu folgen. Wenn Kinder mit der *Liebe* zusammenarbeiten, sind die Ergebnisse schön, sinnvoll und konstruktiv. Weise Kinder Gottes folgen der liebevollen Führung des Papas.

Törichte Kinder rebellieren gegen liebende Eltern. Wenn sich jemand gegen die Liebe auflehnt, ist das Ergebnis sinnloser Schmerz, unnötiges Leiden und echtes Übel. Widerstand gegen die Liebe führt zu Zerstörung. Gott handelt wie ein liebendes Elternteil, das seine Kinder erzieht.

EIN UMWERBENDER VEREHRER

Der umwerbende Liebhaber bietet ein weiteres Beispiel für die nicht kontrollierende Liebe. Beim Umwerben verhalten sich die Partner auf eine Weise, die lockt, verführt oder einlädt, ohne zu kontrollieren, zu manipulieren oder zu diktieren. Ihr liebevoller Umgang miteinander hat Einfluss auf den anderen, ohne zu überwältigen.

Genauso wie einige Eltern schlechte Beispiele für Liebe sind, scheitern einige romantische Partner an einer aufrichtigen Liebe. Aber eine Liebesbeziehung der gegenseitigen Liebe ist für alle gut. Das Geben und Empfangen von Liebe fördert das Wohlbefinden.

Der typische Heiratsantrag unterstreicht diese aktive, aber nicht kontrollierende Liebe. Als ich meine Frau bat mich zu heiraten, lud ich sie ein, mir direkt eine Antwort zu geben. Damit mein Wunsch Wirklichkeit werden konnte, musste sie zustimmen. Sie musste sich entscheiden, „Ja!" zu sagen.

Ein erfolgreicher Heiratsantrag erfordert eine zustimmende Antwort.

Gott handelt wie ein liebevoller Verehrer. Nichts kann Gott davon abhalten, uns beständig zu einer liebevollen Beziehung einzuladen. Doch Gottes nicht kontrollierende Liebe erzwingt nichts von uns! Wir können uns dafür entscheiden, nicht zu kooperieren. Wir können es versäumen, „Ja" zu sagen! Wenn wir nicht entsprechend reagieren, wird die von Gott gewünschte gegenseitige Liebesbeziehung vereitelt. Gottes Wille geschieht nicht auf der Erde wie im Himmel. Aber ein echtes „Ja!" führt zu Leben im Überfluss!

Selbst ein erfolgreicher Antrag führt nicht automatisch zu einer erfolgreichen Ehe. Das anfängliche „Ja!" garantiert kein „Glücklich bis ans Ende ihrer Tage." Die freie Zusammenarbeit muss in der Ehe fortgesetzt werden. Wenn einer versucht, den anderen zu kontrollieren, wird die Beziehung ungesund. Liebe kann nicht erzwungen werden. Das gilt sowohl für die Ehe als auch für unsere Beziehung zu Gott.

Gottes Wesen ist einem umwerbenden Verehrer vergleichbar, der um die Hand des Partners bittet, und der wie ein Ehepartner mit dem anderen ein Leben lang in gegenseitiger Liebe verbunden ist.

MUT

Meine Freundin Janyne hat schon früh sexuellen Missbrauch erlebt. Sie unterdrückte dieses Trauma jahrelang, aber es kam schließlich auf destruktive Weise zum Vorschein. Irgendwann stürzte sie sich fast von einer Klippe!

In ihrem Buch „*Brave: A Personal Story of Healing Childhood Trauma*" beschreibt Janyne, wie sie und ihr Seelsorger auf ihre Heilung hinarbeiteten. Der Prozess war intensiv und langwierig. Es ging darum, sich mit Kindheitserinnerungen auseinanderzusetzen und zu begreifen, wie der Missbrauch ihr Denken und Leben beeinflusst hat.

Ein großer Teil der Genesung kam, als sie ihre Sicht auf Gott änderte. „Der Tag, an dem ich erkannte, dass ich selbst entscheiden kann, war der Tag, an dem ich begriff, dass Gott nicht kontrollierend ist", schreibt Janyne. „Auf der Klippe kontrollierte er mich nicht; ich entschied mich selbst, mich umzudrehen und zu leben. Aber das taten auch all jene, die mich verletzten. Wir alle hatten einen freien Willen. Und ich brauche keine unsinnigen Dinge zu sagen wie: ‚Gott hat meinem Missbrauch zugestimmt, um meinen Charakter zu formen'."[7]

Janyne lehnte die Vorstellung ab, Gott habe einen vorherbestimmten Plan, der Missbrauch einschließt. Sie kam zu der Überzeugung, dass Gott immer beteiligt war, indem er sie angesichts der positiven oder negativen Umstände zu eigenen Entscheidungen führen wollte. Gott ist ein liebender Begleiter und kein zwingender Manipulator. Und nicht einmal Gott konnte Janynes Missbraucher kontrollieren.

„Außerhalb des Verständnisses eines nicht kontrollierenden Gottes", schreibt Janyne, „gibt es kein Potenzial, die menschliche Erfahrung des Traumas wirklich zu überwinden, das Leben in Fülle zu leben und Gott frei anzubeten. Der Gott, der kontrolliert, könnte nicht mein Anker sein. Aber der Gott, der mich liebt, mich tröstet, mich unterstützt, indem er die guten Taten anderer anregt und meine Entscheidungen lenkt, kann das ganz sicher!"

Janyne fand Trost im Glauben, dass Gott allein ihren Missbrauch nicht hätte verhindern können. Ein liebender Gott, der es *hätte* verhindern *können*, hätte es auch tun *müssen*.

GLAUBENSÜBERZEUGUNG NR. 1 – GOTT KANN DAS BÖSE NICHT IM ALLEINGANG VERHINDERN

Um dem Leben einen Sinn zu geben, müssen wir lernen, dass Gott das Böse nicht im Alleingang verhindern kann.

Zu erkennen, dass Gott das Böse nicht aufhalten kann, hilft den Überlebenden den Trugschluss zu überwinden, Gott sei unberechenbar oder bestrafe sie. Die Opfer dürfen nicht denken, Gott habe dabeigestanden und ihren Schaden zugelassen. Sie dürfen nicht denken, Gott hätte ihre Tragödie oder ihren Missbrauch stoppen können. Gott konnte es nicht.

Familien und Freunde von Überlebenden finden es vielleicht auch hilfreich zu glauben, dass Gott das Böse nicht im Alleingang verhindern kann. Sie brauchen nicht mehr zu glauben, dass das Böse Teil irgendeines Masterplans Gottes ist. Sie brauchen sich nicht mehr zu fragen, warum ein liebender Gott sinnlosen Schmerz und unnötiges Leiden zulässt. Sie brauchen nicht mehr die ermüdenden und unwahren Erklärungen zu wiederholen, warum Gott dieses Leiden nicht stoppt.

Natürlich brauchen die meisten Menschen Zeit, um die Aussage „Gott kann es nicht" zu verarbeiten. Du könntest einer von ihnen sein. Diese Aussage ist für viele neu und leicht missverständlich, deshalb werde ich im Laufe dieses Buches darauf zurückkommen. Wir brauchen Zeit, um radikale Ideen zu erschließen.

Kein einzelner Gedanke reicht aus, um das Problem des Bösen zu lösen oder zu verstehen. Aber die Aussage, dass Gott das Böse nicht im Alleingang verhindern kann, ist unverzichtbar für eine Lösung. Daran müssen wir glauben, um unserem Leben und generell unserer Existenz einen echten Sinn zu geben.

Zusammen mit anderen wichtigen Gedanken, die wir noch erforschen werden, räumt der Glaube, dass Gott das Böse im Alleingang nicht verhindern kann, die Hindernisse aus dem Weg, die sowohl dem Glauben an Gott, dem Verständnis seiner Liebe als auch dem Weg zur Heilung im Wege stehen.

Fragen

1. Warum sind manche Menschen schockiert, wenn sie hören, dass Gott das Böse nicht im Alleingang verhindern kann?

2. Welche Probleme entstehen, wenn jemand sagt, Gott „erlaubt" Böses?

3. Warum ist es wichtig, zu glauben, dass Gottes Natur nicht kontrollierende Liebe ist?

4. Wenn du *Die Hütte* gelesen oder den Film gesehen hast: Was hat dir darin gefallen oder nicht gefallen?

5. Warum ist es wichtig zu glauben, dass Gott uns nicht als Roboter erschafft oder uns vorübergehend robotisiert?

6. Warum sollten wir glauben, dass Gott ein körperloser Geist ist, der das Böse nicht verhindern kann, obwohl wir Geschöpfe das manchmal verhindern können?

7. Was ist hilfreich an dem Gedanken, dass Gott wie ein liebendes Elternteil oder ein Verehrer handelt, der Zusammenarbeit mit den anderen braucht? Und wie kann uns das bei der Beurteilung unserer familiären oder romantischen Beziehungen helfen?

ZWEITES KAPITEL

Gott fühlt unseren Schmerz

Mein Freund Ty ist beim Aufhängen der Weihnachtsbeleuchtung von einer Leiter gefallen. Sein Kopf knallte auf den Bürgersteig, er brach sich mehrere Rippen, einen Arm und war – wer weiß wie lange – bewusstlos. Ein Nachbar fand Ty gerade noch rechtzeitig und brachte ihn auf dem schnellsten Weg in ein Krankenhaus in Cincinnati.

Kayla war zu dieser Zeit mit Weihnachtseinkäufen beschäftigt und hatte Mühe, in einer normalerweise festlichen Zeit Freude zu finden. Zwei Wochen zuvor hatte sie ihr zweites Kind als Totgeburt verloren. Einkaufen war ein Bewältigungsmechanismus.

Während Ty im Krankenhaus schlief und Schläuche aus seinem Gesicht und seinen Armen ragten, saß Kayla neben ihm und fragte sich, ob all das überhaupt jemanden kümmerte. Sie fühlte sich allein, wie eine Immigrantin in einem fremden Land. Ty war ihr Fels, als das Leben chaotisch wurde, und jetzt brauchte ihr Fels einen Anker.

Kaylas restliche Familie hielt sich distanziert zurück und zeigte sich selten besorgt. Kayla erwartete keine Unterstützung von ihnen. Sie und Ty fanden einige Freunde nachdem sie in die Stadt gekommen waren, aber sie standen ihnen noch nicht wirklich nahe. Kayla hatte niemanden zum Anrufen, niemanden, dem sie es erzählen konnte.

Als das Krankenhausfernsehen dröhnte, kamen die Emotionen, denen Kayla ausgewichen war, mit voller Wucht zum Vorschein. Sie hatte alle diese Gefühle mit Einkaufen, Essen und Netflix erstickt. Jetzt saß sie allein da und fühlte sich einsam, und Kayla spürte, wie die Dunkelheit das Licht auslöschte.

„Interessiert das überhaupt irgendjemanden?", fragte sie sich. „Kümmert sich irgendjemand *wirklich* darum? Mehr als nur Mitleids-Postings auf Facebook?"

DIE PURPURNE REGEL

Um unser Denken und Leben neu zu gestalten, müssen wir ändern, wie wir denken und leben. Im letzten Kapitel habe ich erläutert, warum wir den Glauben benötigen, dass Gott das Böse nicht im Alleingang verhindern kann. Der Glaube, dass Gott das Böse nicht verhindern kann, bringt uns über das Denken hinaus, dass Gott Schmerz, Tragödien und Missbrauch verursacht oder zulässt. Wir sollten Gott nicht für das Böse verantwortlich machen, das er nicht verhindern kann.

Auch andere Hindernisse und Halbwahrheiten hindern uns an einem guten, erfüllten Leben. Um unser Leben neu zu gestalten, müssen wir uns weitere Überzeugungen aneignen.

Der zweite Gedanke über den ich dich zum Nachdenken einlade, ist, dass Gott deinen Schmerz fühlt. Gott ist weder unnahbar noch gleichgültig, weder ein entfernter Stiefvater noch

Zweites Kapitel: Gott fühlt unseren Schmerz

eine abwesende Mutter. Gott steht in inniger Beziehung zu Überlebenden des Bösen und Gott fühlt, was du fühlst. Gott sorgt sich *wirklich*.

Das vielleicht beste Wort, um zu beschreiben, wie Gott unseren Schmerz empfindet, ist „Empathie". Diejenigen, die mitfühlen, „fühlen" mit den Opfern von Qual, Einsamkeit und Gewalt. Sie ertragen und teilen das Leid anderer.

Der Psychologe Carl Rogers definiert Empathie so: „in die Wahrnehmungswelt des anderen eintreten und sich darin gründlich zu Hause fühlen." Dieses Einfühlungsvermögen „beinhaltet, dass man sensibel ist für die wechselnden Gefühlswelten, die in der anderen Person von einem zum anderen Moment an die Oberfläche kommen."[8] Empathische Menschen können die Erfahrungen anderer mitempfinden.

Die Psychologin Brené Brown sagt, zur Empathie gehöre „Zuhören, Raum geben, das eigene Urteil zurückzuhalten, eine emotionale Verbindung herzustellen und die unglaublich heilsame Botschaft zu vermitteln: ‚Du bist nicht allein'."[9] Menschen mit Einfühlungsvermögen sind Leidensgenossen, die verstehen.

Ich unterscheide Einfühlungsvermögen von Mitleid. Mitleid bedeutet, jemand aus einer Distanz heraus zu bedauern. Wer Mitleid hat, bleibt distanziert und sagt: „Das ist einfach zu schade für sie." „Ist das nicht eine Schande?" „Sei gesegnet!" Oder: „So ein Mist, dass ihm das passiert ist..."

Francois Varillon drückt es schön aus: „Herablassendes Mitleid, selbst wenn es in spontane und großzügige Hilfe umgesetzt wird, berührt ‚musikalisch' nicht die Seele der Trauernden."[10]

Im Gegensatz dazu ist Einfühlungsvermögen mit emotionaler Einheit verbunden. „Empathisanten" erleben tief im

Inneren den Schmerz anderer mit. Sie sorgen sich emotional um andere.

Menschen mit Einfühlungsvermögen stellen sich oft an die Stelle der Opfer. Sie überlegen, wie es sich anfühlen könnte, „eine Meile in den Schuhen eines anderen zu gehen." Das geschieht nicht nur mental, sondern auch emotional, da sie die Lasten derer tragen, die Schmerzen haben.

Manchmal schöpfen diese einfühlsamen Menschen aus ihren eigenen Erfahrungen. Sie erinnern sich an ihre eigenen Ängste und erleben sie erneut im Licht dessen, was ihnen in anderen begegnet. Sie machen ihre eigenen Erfahrungen noch einmal durch und entscheiden sich dafür, mit den Überlebenden in der Gegenwart gemeinsam zu leiden. Sie erleben ihre Vergangenheit noch einmal, um sie jetzt mit den anderen gemeinsam zu empfinden.

Die bekannte „Goldene Regel" besagt, dass wir andere so behandeln sollen, wie wir selbst behandelt werden möchten. Die „Purpurne Regel" – wie ich sie einmal bezeichnen möchte – vermittelt uns, dass wir mit anderen so *mitfühlen* sollten, wie wir wollen, dass sie mit uns mitfühlen.

Gott folgt der Purpurnen Regel, und das sollten wir auch tun.

VON MITGEFÜHL BEWEGT

Mitgefühl ist – anders als distanziertes Mitleid – eine kraftvolle Form der Liebe, die Einfühlungsvermögen einschließt; die zwei Teile dieses Wortes – „mit" und „Gefühl" – drücken dieses treffend aus. Die mitfühlende Person trägt zur Verbesserung des Wohlbefindens bei, indem sie die Betroffenen emotional einbezieht und dabei gesunde Grenzen aufrechterhält.

Zweites Kapitel: Gott fühlt unseren Schmerz

Um zu beschreiben, was es bedeutet, die Leidenden zu lieben, erzählte Jesus die folgende Geschichte:

Ein Mann wurde ausgeraubt, geschlagen und zum Sterben an einer Straße zurückgelassen. Zwei religiöse Führer sahen das Opfer, als sie an diesem Tag unterwegs waren, aber sie halfen nicht. Sie gingen in einiger Entfernung an ihm vorbei. Ein Außenstehender – ein Samariter – half und wurde zum Helden in der Geschichte Jesu.

Viele kennen dies als die Geschichte des Barmherzigen Samariters, aber es fehlt das Element des Mitfühlens darin. Wir finden dieses aber in den folgenden Sätzen des Lukas-Evangeliums:

Ein Samariter näherte sich auf einer Reise dem überfallenen Mann. Und als der Samariter den Mann sah, wurde er von Mitgefühl ergriffen. Er ging zu ihm hin, verband seine Wunden und goss Öl und Wein auf sie. Dann legte der Samariter den Mann auf sein eigenes Tier, brachte ihn in eine Herberge und kümmerte sich um ihn (Lk 10,33f).

Beachte, dass der Samariter „von Mitgefühl bewegt" ist, als er sich dem verletzten Mann „näherte" und „zu ihm hinging". Diese Worte beschreiben Nähe, Beziehung und eine Ebene der Vertrautheit. Religiöse Führer hielten Abstand und kümmerten sich nicht um ihn. Der Held kam näher, war bewegt und half.

Es ist schwer, von Mitgefühl bewegt zu werden, wenn man aus der Ferne zuschaut. Wir sind eher mitfühlend, wenn wir uns den Opfern nähern. Wenn wir uns darauf einlassen, steigt unsere Fähigkeit Mitgefühl zu zeigen, weil wir „bewegt" sind.

Jesus schließt die Geschichte mit den Worten: „Gehe hin und tue dasselbe." Das ist, als würde man sagen: „Bewege dich und werde bewegt!"

ICH MUSS ES NUR NOCH VERARBEITEN

Einige Jahre nachdem Cheryl und ich geheiratet hatten, entschied sie sich für ein Lehramtsstudium. Ihr erstes College-Diplom bereitete sie nicht auf diese neue Karriere vor. Als junges und frisch verheiratetes Paar brachten wir also das finanzielle Opfer, und Cheryl kehrte nochmals auf das College zurück.

Der Probeunterricht ist der Grundstein für die Ausbildung eines guten Lehrers. Im Fall von Cheryl ging es darum, die Kinder in einem Klassenzimmer zu unterrichten, das von einem erfahrenen Lehrer unter Aufsicht eines Direktors betreut wird.

Eines Abends während des Unterrichts kam Cheryl verärgert nach Hause. Sie hatte einen besonders schlechten Tag in der Schule hinter sich. Wir saßen in der Küche, und ihre Frustration sprudelte heraus. Ihr Mentor war keine Hilfe; ihr Direktor konnte sie nicht ermutigen; ihre Schüler waren besonders schwierig gewesen. Tränen flossen, als sie den frustrierenden Tag beschrieb.

Als junger Ehemann wollte ich helfen. Aber ich hatte noch nicht gelernt meine Liebe dadurch auszudrücken, einfach nur einfühlsam zuzuhören. Ich wusste damals nicht, dass die Leidenden oft zuerst einen Leidensgenossen brauchen, der einen gut versteht.

Ich begann, Lösungen zu skizzieren und Ratschläge zu geben, wie man die Dinge in Ordnung bringen könnte. Ich war nicht arrogant oder ein Besserwisser. Aber ich reagierte nicht mit einem einfühlsamen Herzen auf die Frustration meiner Frau.

Zweites Kapitel: Gott fühlt unseren Schmerz

„Ich frage nicht nach Lösungen", ließ Cheryl schließlich verlauten. „Ich muss nur verarbeiten, was ich gerade fühle!" Sie hatte Recht. Sie brauchte eine einfühlsame Schulter, keinen Problemlöser. Das Liebevollste, was ich in diesem Moment tun konnte, war, Mitgefühl zu zeigen. Die Zeit für das Brainstorming von Lösungen würde später kommen.

Manchmal brauchen diejenigen, die Schmerzen haben, keine Erklärungen oder Lösungen. Sie brauchen echtes Mitgefühl. Sie wollen spüren, dass jemand fühlt, was sie fühlen.

VOLLKOMMEN EINFÜHLSAM SEIN

So sehr ich auch versuche, mich in meine Frau einzufühlen – und ich habe mich verbessert –, es gibt immer einen Unterschied zwischen dem, was sie fühlt, und dem, was ich fühle. Ich kann nicht das *ganze* Ausmaß ihres Schmerzes und ihrer Frustration spüren. Und diejenigen, die sich in mich einfühlen – einschließlich meiner Frau – können nicht *genau dasselbe* fühlen, was ich fühle.

Unsere Emotionen sind unsere eigenen. Andere mögen eine ähnliche Gefühlslage haben, aber jeder Mensch ist einzigartig. Als eingeschränkte Menschen, mit eingeschränkten Körpern, an eingeschränkten Orten, ist auch unsere Empathie, unser Mitgefühl eingeschränkt.

Wäre es nicht schön, einen Freund zu haben, dessen Einfühlungsvermögen maximal groß ist? Was wäre, wenn es jemanden gäbe, der *immer* genau das empfindet, was wir empfinden?

Dieser hypothetische Freund stünde uns näher als ein Bruder oder eine Schwester, näher als ein Begleiter oder Ehepartner, näher als wir uns selbst sind. Die Empathie dieses Freundes wäre nahezu grenzenlos.

Ich glaube, dass dieser Freund existiert; es ist der universelle, liebende Geist, den wir „Gott" nennen.

Gott ist immer gegenwärtig, immer bewegt und immer liebevoll. Weil Gottes Geben und Empfangen universell ist und weil Gott uns voll und ganz kennt, kann Gott bis zum Äußersten mitfühlen. Gott fühlt, was wir fühlen. Gottes Sensibilität ist uneingeschränkt.

Der Apostel Paulus sagt, wir haben einen „Gott allen Trostes, der uns in all unseren Nöten tröstet" (2Kor 1,3). Trösten ist nicht Mitleid aus der Ferne, sondern Mitgefühl durch Präsenz und Nähe. Dieser vollkommene Liebende ist immer einfühlsam und in jeder Situation anteilnehmend.

Wenn Gott unsere Emotionen fühlt, sind es immer noch *unsere* Emotionen. Gott kann sich natürlich nicht persönlich schuldig fühlen, wenn wir schuldig sind, denn Gott versündigt sich nie. Aber Gott kann unsere Gefühlszustände noch stärker spüren als wir, unmittelbar als Reaktion auf das, was wir fühlen. Denn Gott ist in jedem Teil von uns gegenwärtig, auch in den Teilen, die wir nicht bewusst fühlen.

Gottes Herz „bricht" durch das, was uns zerbricht. Aber dieses „gebrochene" Herz bringt Gott nicht zur Verzweiflung. Der Gott des vollkommenen Mitgefühls wird niemals bis zur Bewegungslosigkeit niedergedrückt. Der Gott allen Trostes leidet nie an Empathiemüdigkeit. Gottes Empfindsamkeit und Gefühl führen niemals zum Bösen, denn Gottes Natur ist Liebe.

Gott antwortet auf alles, was negativ, frustrierend und schmerzhaft ist, mit unerschütterlicher Hoffnung. Schmerz, Leid und Qualen ändern niemals Gottes ewige Liebe.

Gott fühlt unseren Schmerz... und kann damit umgehen.

Zweites Kapitel: Gott fühlt unseren Schmerz

EINE TRÄNE, DIE LANGSAM HERUNTERLÄUFT

Trish schickte mir kürzlich eine Nachricht, dass sie sich von einem tröstenden Gott ermutigt und bestärkt fühlen würde. „Meine Sorgen nehmen ab, indem ich einfach darauf vertraue, dass ich nicht allein bin", schrieb sie. „Ich glaube, Gott geht mit mir durch die Höhen und Tiefen des Lebens."

Gott trauerte mit ihr, als sie zwei Kinder verlor. Gott ermutigte sie, als sie mit der traumatischen Verletzung ihres Mannes fertig werden musste. Gott bringt „fortwährende Heilung in unsere Herzen", schrieb sie, „um uns Trost zu spenden und uns zu leiten." Gott ist mit ihr inmitten des Kampfes „mächtiger und liebevoller", sagt sie, „als ein Gott, der Einzelheiten kontrolliert und Bestellungen ausführt wie ein Fastfood-Koch."

Ich hielt vor kurzem in Europa einen Vortrag, als Georg, ein Konferenzteilnehmer, mich zu einem privaten Gespräch beiseite bat. Er hatte mein Buch *The Nature of Love* gelesen, in dem die Bedeutung der Bejahung von Gottes Verwundbarkeit betont wird.

„Ich hatte immer – wohl unbewusst – angenommen, dass Gott das Sagen hat und sich gefühlsmäßig dann davon distanziert", sagte er. „Gott nachzuahmen bedeutete für mich also, dass ich das Sagen habe und frei von Gefühlen sein sollte."

Das Denken, Gott sei verwundbar, hat für Georg alles verändert. „Ich sehe jetzt den Wert in der Verwundbarkeit", sagte er mir. „Eine verwundbare Person kontrolliert per Definition nicht alles. Jetzt, wo ich die Kontrolle aufgegeben habe, komme ich mit meiner Frau und meinen Kindern besser zurecht!"

Eine andere Freundin, Marcy, kämpfte, als ihr Mann zu Unrecht inhaftiert wurde. Und „nach drei Jahren des Kampfes", schrieb sie in einer E-Mail, „endete unser Prozess mit einem Schuldspruch. Es war völlig unfassbar!"

Marcy geriet in Versuchung, sich von Gott abzuwenden. Aber sie erkannte, dass Gott vielleicht nicht in der Lage war, das Geschehen zu kontrollieren. „Der einzige Weg, dieses Urteil zu verstehen, war zu sagen, dass es nicht von Gott war", sagt sie.

Freunde und Familie fragten, was sie zu tun gedenke. Sie wollten kämpfen. „Sie wollten Gerechtigkeit für uns", sagt Marcy, „aber Gerechtigkeit in diesem Land ist teuer."

Marcy glaubte, Gott würde ihr sagen, sie solle still sein. Das bedeutete, Gottes Fürsorge und Trost anzunehmen. „Wir mussten in die liebenden Arme des Vaters fallen", sagte sie. „Er stand mit vollem Einfühlungsvermögen da, eine Träne rollte langsam über sein Gesicht für jede Träne, die wir weinten."

Marcy musste ohne ihren Mann Entscheidungen für ihre Familie treffen. „Der Kampf zur Rettung meiner Kinder begann damit, Gott um Hilfe zu bitten", sagte sie. Ihre mittlere Tochter war durch den Verlust ihres Vaters schwer geschädigt worden. Marcy empfand, dass ihrer Tochter besonders das Tanzen guttäte. Also schickte sie eine E-Mail an eine Schule und erklärte ihre Situation. Die Schule antwortete mit einem Vollstipendium für die Teilnahme an einem Tanzcamp.

„Gott hat meine Tochter geliebt", sagt Marcy. „Dieses erste Tanzcamp war der Beginn ihrer Heilung." Ein mitfühlender Gott spürt nicht nur unser Leiden, sondern veranlasst auch andere, die mit ihm kooperieren, auf ganz bestimmte Weise zu lieben.

FÜNF WENIG HILFREICHE ANSICHTEN

Hat man dich gelehrt, dass Gott mitfühlt?

Leider stellen sich viele Gott mit einer strafenden Faust

und nicht mit einem einfühlsamen Herzen vor. Viele denken, Gott sei ferne, nicht gegenwärtig und nicht betroffen. Einige religiöse Führer vertreten Ansichten, die der einfühlsamen Liebe Gottes entgegenstehen. Ich habe diese Ansichten in anderen Büchern untersucht und möchte hier einige davon vorstellen.[11] Wenn wir uns über wenig hilfreiche Ansichten über Gott klar werden, können wir die hilfreichen Ansichten leichter annehmen.

Eine Ziegelmauer – Eine wenig hilfreiche Sichtweise besagt, dass Gott zwar anwesend ist, aber nicht berührt ist. Gott empfindet nach dieser Ansicht kein Mitgefühl, tröstet nicht und empfindet keinen Schmerz, weil Gott „ungerührt" ist. Gott ist wie die Macht in Star Wars: immer da, aber unpersönlich und gefühllos. Dieser Gott beeinflusst uns, aber wir beeinflussen ihn nie; er gibt, aber er empfängt nie. Obwohl wir Gottes Charakter zu Recht als beständig und unveränderlich ansehen, müssen wir doch Gottes Wirken als von Mitgefühl bewegt bestätigen. Der Gott, der in jeder Hinsicht uneinfühlsam ist, ist wie eine Ziegelmauer.

Das Auge am Himmel – Eine andere wenig hilfreiche Ansicht besagt, dass Gott das Universum vor langer Zeit erschaffen hat, aber nicht mehr gegenwärtig Anteil nimmt. Bette Midler sang über diesen Gott, „der uns aus der Ferne beobachtet". Er hält sich heraus mit seiner „Ich-bin-nicht-beteiligt-Strategie". Gelehrte nennen diese Sichtweise „Deismus", und die Gottheit, die diese beschreibt, ist losgelöst von unserem Ergehen. Wir haben zwar recht, wenn wir sagen, dass Gott nicht kontrolliert, aber wir sollten Gottes aktive Gegenwart in unserem

Leben bejahen. Der unbeteiligte Gott ist ein starres Auge am Himmel.

CEO des Universums – Eine dritte, wenig hilfreiche Ansicht besagt, dass Gott nur mit dem Blick auf das große Ganze handelt und sich nie auf die Details einlässt. Dieser Gott ist der CEO des Universums und beschäftigt sich nur mit der globalen Vision, nicht mit dir und mir persönlich. Während wir zu Recht glauben, dass Gott sich um das Gemeinwohl kümmert, kümmert sich Gott auch um jeden von uns persönlich. Für den CEO des Universums ist es jedoch nicht wirklich wichtig, was wir tun.

Mikro-Manager – Die vierte nicht hilfreiche Ansicht besagt, dass Gott alles bestimmt. Wir mögen denken, dass diejenigen, die Schaden anrichten, es auch anders hätten tun können, aber nach dieser Ansicht würde das nicht stimmen. Dieser alles bestimmende Gott orchestriert alle Dinge. Diese Ansicht sagt, Freiheit sei eine Illusion und der Zufall eine Fata Morgana. Da dieser Gott alle Dinge lenkt, ist es schwer vorstellbar, dass er Schmerz oder Freude empfindet. Wir haben zwar recht, wenn wir sagen, dass Gott selbst an den kleinsten Geschöpfen und Umständen beteiligt ist, aber der obige Gott wäre ein alles kontrollierender Mikro-Manager.

Der Reinheits-Freak – Die letzte nicht hilfreiche Ansicht besagt, dass Gottes Heiligkeit ihn davon abhält, mit Sündern wie dir und mir in Verbindung zu treten. Wir sind Abschaum auf dem direkten Weg in die Hölle, und ein reiner und unverdorbener Gott will nichts mit dem Müll wie wir es sind zu tun haben. Diese Sichtweise verkennt nicht nur unseren Wert, sie stellt Gott auch als einen Reinheits-Freak dar, der sich in einer Beziehung mit verschmutzten Kreaturen nicht besudeln lässt. Wir haben zwar recht, wenn wir sagen, dass Gottes Natur rein bleibt, aber eine reine Natur hindert Gott nicht daran, sich auf das Wesentliche in unserem Leben einzulassen.

Diese Ansichten ersticken und vernarben uns; sie führen zu einem negativen Denken und Leben.

Glücklicherweise ist der Gott der Empathie und des Mitgefühls *so* anders! Der Gott allen Trostes hat Mitgefühl und liebt ständig. Unser göttliches Elternteil ist immer beteiligt, aber nie kontrollierend. Gott gibt Raum, hört intensiv zu und arbeitet mit seiner Schöpfung zusammen, um Gutes zu bewirken. Unsere Quelle schenkt uns immer Entscheidungsfreiheit – ganz ohne Mikro-Management oder Manipulation. Dieser Gott bezieht sich in Geben-und-Nehmen-Beziehungen für unser persönliches Wohl und das Gemeinwohl mit ein.

Gott ist wie eine Mutter, die sich um ihre Kinder kümmert und sie streichelt, oder wie ein Vater, der seine Kinder zärtlich führt. Unser himmlisches Elternteil ist gutherzig, engagiert und ein Tröster.

ICH KANN MIT JESUS ABHÄNGEN

Kevin kam in meine Universitätsklasse und dachte, Gott sei wie ein Mafiaboss. Der Allmächtige bellte Befehle heraus, übte die „Hand des Gerichts" aus und wollte Rache. Der Boss war der Familie gegenüber liebevoll und treu, aber skrupellos gegenüber Feinden und Untreuen.

Während er die Evangelien in der Bibel las, begann Kevin Jesus zu mögen. Der demütige Mann aus Galiläa liebte alle und verband sich tief mit Freunden und Feinden. Er kümmerte sich um die Armen und hatte Mitgefühl mit seinen Feinden. Jesus zeigte besondere Fürsorge für die Opfer erzwingender Macht.

„Ich kann mit Jesus abhängen", sagte Kevin einen Tag nach dem Unterricht. „Er ist der Freund, den ich mir immer gewünscht habe. Aber vor Gott habe ich Angst: Er will mir in den Hintern treten!"

Als ich Kevin vorschlug, er könne und solle glauben, dass Gott wie Jesus sei, gingen bei ihm die Lichter an. Wir sprechen hier von einer radikalen Neuorientierung! Kevin erneuerte seine Sicht auf Gott.

Weise Geistliche wissen seit frühsten Zeiten, was Kevin entdeckt hatte: Was wir am besten über Gott wissen können, entfaltet sich aus der Offenbarung Gottes in Jesus Christus. Der Charakter Gottes kommt in Jesus einzigartig zum Ausdruck. In seiner Lehre über Leben, Tod und Auferstehung offenbart Jesus, dass Gott sich um uns sorgt, mit uns leidet und mit Barmherzigkeit handelt.[12] Gott ist kein Mafiaboss; Gott ist ein liebendes Elternteil, ein treuer Freund und fürsorglicher Ehepartner.

Wie mein Freund Tripp gerne sagt: „Gott ist mindestens so nett wie Jesus!"

In der Geschichte über einen weggelaufenen Sohn beschreibt Jesus Gott als einen vergebenden Vater, der Mitgefühl mit seinem eigensinnigen Kind hatte. Als der Sohn zurückkehrte, „rannte der Vater ihm entgegen, umarmte den Sohn und küsste ihn", erzählt Jesus (Lk 15,20). Die bedingungslose Liebe des Vaters spiegelt die bedingungslose Liebe unseres himmlischen Vaters wider.

In seinem schmerzvollen Tod am Kreuz weist Jesus auf einen Gott hin, der mit uns leidet. In Jesus identifiziert sich Gott mit denen, die verletzt sind und sich gottverlassen fühlen, mit den Obdachlosen und Kranken, den Deprimierten und Zerstörten. In der Kreuzigung Jesu nimmt Gott teil am Leid der Welt und zeigt dadurch Solidarität mit den Opfern. Jesus offenbart einen Gott, der mitfühlt.

EINFÜHLUNGSVERMÖGEN REICHT NICHT AUS

Ich freue mich, berichten zu können, dass eine wachsende Zahl von Menschen glaubt, dass Gott mit den Opfern mitfühlt. Bis zur Wende des zwanzigsten Jahrhunderts lehnten die meisten Theologen die Vorstellung ab, dass Gott leidet, ungeachtet dessen, worauf die Bibel hinzuweisen schien und was gewöhnliche Gläubige dachten. Aber heute ist der „leidende Gott" zu einem Hauptthema unter Theologen geworden, und die Vorstellung, dass Gott unseren Schmerz fühlt, wird immer häufiger vertreten.[13] Die Gelehrten debattieren natürlich immer noch über die Einzelheiten. Aber der zweite Gedanke, zu dem ich dich einlade – Gott fühlt unseren Schmerz –, überwiegt mittlerweile in vielen Herzen und Köpfen.

Doch leider glauben nun auch einige, dass die Probleme des Bösen allein dadurch gelöst werden, zu glauben, dass Gott mit uns leidet. Sowohl in populären als auch in akademischen Veröffentlichungen findet man Personen, die sagen, dass all die Rätsel des Bösen verschwinden, wenn wir uns zum Glauben entscheiden, dass Gott mit den Leidenden mitfühlt.

Aber Einfühlungsvermögen reicht nicht aus.

Angenommen, du fährst auf einer Landstraße und siehst einen halben Kilometer voraus plötzlich ein Auto ausscheren. Zu Deinem Entsetzen überschlägt es sich und bleibt in einer großen Staubwolke liegen.

Gott kann das nicht!

Du fährst schnell zur Unfallstelle, hältst an und läufst zu dem umgestürzten Auto. Ein Reifen dreht sich noch, und Brandgeruch steigt bereits in deine Nase. Als du zur Fahrerseite eilst, siehst du einen eingeklemmten Mann mittleren Alters. Er ist teilweise aus dem Auto geschleudert worden, aber das Gewicht des Fahrzeugs drückt ihn zu Boden.

„Ich kann nicht atmen", stöhnt er und schaut dich mit angsterfüllten Augen an. „Hilfe!", ruft er.

Der Mann kann das Auto in seiner Lage zwar nicht anheben, aber du könntest es: Das Fahrzeug schwankt auf einem Felsen, und ein kraftvoller Stoß könnte den erstickenden Fahrer befreien.

Angenommen, du sagst: „Ich *könnte* das Auto wegschieben. Aber ich stelle mich nur daneben. Anstatt dich zu retten, werde ich mich in dein Leid einfühlen. Ich stelle mir vor, wie es an deiner Stelle sein muss dort zu liegen."

Den Versuch zu unterlassen, das Auto zu bewegen, ist angesichts der Umstände *nicht* Ausdruck von Liebe. Einfach nur mitzufühlen – wenn eine Rettung möglich wäre – zeigt nicht das volle Ausmaß echter Liebe. Eine wirklich liebende Person würde versuchen, das Auto von dem nach Luft ringenden Mann wegzuschieben, wenn dies möglich wäre.

Ebenso ist ein Gott, der im Alleingang retten könnte, aber *nur* mitfühlt, nicht vollkommen liebevoll. Der Gott, der eine Person oder eine Situation kontrollieren könnte, um Böses zu verhindern, sich aber stattdessen entscheidet, nur den Schmerz des Überlebenden zu fühlen, drückt keine wahrhaftige Liebe aus.

Einfühlungsvermögen mit Opfern ist nicht liebevoll, wenn es möglich ist, ihre Qualen zu verhindern.

Zweites Kapitel: Gott fühlt unseren Schmerz

Es ist wichtig zu glauben, dass Gott zutiefst mit denen mitfühlt, die leiden. Aber wir sollten auch glauben, dass Gott das Böse nicht im Alleingang verhindern kann. Ohne beide Aspekte können wir keine glaubwürdige Erklärung für unnötiges Leiden, Tragödien und Missbrauch anbieten.

Ein Gott, der im Alleingang Befreiung ermöglichen könnte, sich aber nur zum Mitgefühl entschließt, ist niemand, den man verehren oder dem man nacheifern sollte!

WIE EMPFINDEN WIR GOTTES LIEBE?

Ich wende mich nun von der Ansicht, dass Gott immer unseren Schmerz fühlt, hin zu der nächsten Ansicht, dass wir manchmal Gottes Liebe spüren können. Beachte die Worte „immer" und „manchmal" in diesem letzten Satz. Wir können glauben, dass Gott immer einfühlsam ist... auch wenn wir nur manchmal Gottes Liebe *spüren*.

Vor einigen Jahren erhielt ich eine E-Mail von Amy die sich mitten in einem starken Gewissenskampf befand. Amy war eine Freundin von jemandem, der meine Naturfotos auf Facebook teilte. In den Kommentaren zu einem Foto schwärmte jemand davon, sich in der Natur Gott nahe zu fühlen.

Amy schrieb, dass sie sich Gott *nicht* nahe fühlt. Sie wollte es, aber sie fühlte nichts. Keine warme Decke der Zuneigung, kein Ansturm von Ergriffenheit, kein Gefühl des persönlichen Trostes.

Nichts.

Amy glaubt an Gott. Sie glaubt, dass Gott die Quelle ihres Gewissens ist, dass sie Recht und Unrecht kennt. Amy bringt ihren Sohn regelmäßig zu einer Methodistenkirche, damit er einen moralischen Kompass entwickeln kann. Aber sie fühlt nicht in ihrem Herzen, was sie in ihrem Kopf glaubt.

„Wie *empfindet* man Gott", fragte sie in ihrer Nachricht, wobei sie das Wort kursiv setzte. „Ich glaube, das brauche ich."

Ich rief Amy an, und wir unterhielten uns. Dieses Gespräch führte zu E-Mail-Korrespondenz und tieferen Diskussionen.

Ich begann, Amys Fragen mit etwas zu beantworten, das vielleicht offensichtlich erscheinen mag, aber ich dachte, es sollte nochmal klar gesagt werden: „Gott zu fühlen bedeutet nicht, Gott physisch zu berühren", schrieb ich. Wir können Gott nicht mit unseren fünf Sinnen wahrnehmen, denn Gott ist ein universeller Geist. „Wenn Menschen sagen, sie ‚fühlen' Gott", schrieb ich, „sprechen sie nicht von Fingerspitzengefühlen oder Kuscheln."

Gott zu fühlen schließt Intuitionen und nicht-sensorische Wahrnehmungen ein, sagte ich Amy, und diese regen manchmal unsere Emotionen an. Der Theologe John Wesley nannte solche Wahrnehmungen „spirituelle Empfindungen", weil der Geist kommuniziert, ohne unsere fünf Sinne direkt anzusprechen. Biblische Schriftsteller nennen diesen Geist manchmal „den Tröster".[14]

Ich sprach mit Amy auch über emotionale Unterschiede zwischen Menschen. Hochemotionale Menschen sagen mit größerer Wahrscheinlichkeit, dass sie Gott fühlen, während es bei weniger emotionalen Menschen weniger wahrscheinlich ist.

Amy gab zu, dass sie ihre Emotionen oft unterdrückt. Sie weint nie während eines Films, bekommt selten Gänsehaut, wenn sie Musik hört, und bekommt selten „ein warmes Gefühl" in der Nähe ihres Sohnes. „Ich bin weniger emotional als andere Menschen", schloss Amy.

„Warum ist das so?" fragte ich.

Amy sagte, sie sei in der Vergangenheit tief verletzt worden, und das Unterdrücken von Emotionen sei eine Möglichkeit, damit fertig zu werden. Das Unterdrücken von Emotionen ist auch für ihre Arbeit im Militär hilfreich. Sie sagte, ihr Ex-Mann habe eine emotionale Achterbahnfahrt erlebt, und sie wolle nicht sein wie er.

Amy hat natürlich Emotionen. So wie jeder von uns, aber manche Menschen verstecken oder unterdrücken ihre Gefühle. Andere Menschen sind von ihrem angeborenen Temperament her weniger emotional. Es hat nichts damit zu tun, was sie getan haben oder was ihnen angetan wurde. Was auch immer die Gründe dafür sein mögen: Weniger emotionale Menschen sagen seltener, dass sie Gottes Liebe spüren.

Nachdem sie über ihr Leben gesprochen hatte, fragte Amy: „Wann sagen Menschen, dass sie sich von Gott geliebt fühlen?"

„Wie meinst du das?" fragte ich.

„Ich meine, zu welchen Zeiten oder an welchen Orten spüren die Menschen Gottes Liebe?", fragte sie. „Wenn ich weiß, was sie tun, könnte ich vielleicht dasselbe tun. Vielleicht könnte ich dann auch fühlen, was sie fühlen."

Ein paar Antworten auf Amys Frage kamen mir schnell in den Sinn. Aber um sie gut zu beantworten, habe ich ein paar Nachforschungen angestellt. Ich wollte ihr eine Reihe von Aktivitäten anbieten, die den Menschen helfen, Gottes Liebe zu spüren. Viele dieser Aktivitäten helfen Überlebenden, mit Schmerz und Verwirrung umzugehen, und einige vermitteln den Verletzten ein Gefühl von Gottes Mitgefühl.

DER DIENST DER MENSCHLICHEN PRÄSENZ

Schließlich wies ich Amy auf sechs Wege hin, wie Menschen Gottes Liebe erfahren können. Ich werde sie im Verlauf dieses Kapitels auflisten. Um sie alle zu veranschaulichen, schöpfe ich aus realen Erfahrungen von Menschen, die direkt mit mir sprachen, mir Nachrichten schickten oder deren Geschichten in meinen Recherchen auftauchten. Bei einigen habe ich die Namen geändert, um ihre Identität zu schützen. Einige Illustrationen stammen aus meinem eigenen Leben.

Eine der wirksamsten Möglichkeiten, mit Verletzungen, Leid und Schmerz umzugehen, ist die Therapie. Weise Therapeuten hören genau zu. Ihre liebevolle Fürsorge kann das Mittel sein, durch das Überlebende Gottes Liebe spüren. Der Trost, den weise Ratgeber geben, hat seine Quelle im Tröster.

Mein Seelsorger-Freund Brad betont das, was er den „Dienst der menschlichen Präsenz" nennt. Er meint damit, dass die physische Gegenwart eines Therapeuten für Leidende ein Kanal und Umwandler der spirituellen Gegenwart Gottes sein kann. In Kohärenz mit Gott können Therapeuten als das einfühlsame Herz Christi handeln.

Auch Bücher, Podcasts und Videos können Therapieressourcen sein. Aber die meisten Menschen sagen, dass sie sich Gott am nächsten fühlen, wenn sie eine persönliche Seelsorge in Anspruch nehmen. Die menschliche Stimme und Gegenwart vermittelten etwas, das uns helfen kann, darin Gottes Stimme und Gegenwart wahrzunehmen.

Meine Freundin Janel erfuhr Gottes Trost durch ihre Therapeutin. „Wenn während meiner Seelsorgetreffen eine schreckliche Erinnerung auftauchte", schrieb sie mir in einer Nachricht, „seufzte meine Therapeutin aus der Tiefe ihres Geistes. Ich spürte, wie Gott mein Leiden spürte, als ihr Geist für mich seufzte." „Folglich", so Janel, „half mir meine Seelsorgerin zu erkennen, dass Gott mit mir leidet."

Mein Seelsorger-Freund Mark spricht von Therapeuten als „Geschichtenfängern". Dazu gehört, dass sie den persönlichen Erzählungen ihrer Klienten große Aufmerksamkeit und echte Anteilnahme widmen. Indem sie sich auf die „Frequenz" der Bedürftigen einstimmen, sagen Therapeuten zu ihren Klienten: „Du bist wertvoll und wirst respektiert; deine Geschichte ist wichtig."

Therapeuten und Seelsorger sind nicht die einzigen, die beim Erfahren von Gottes Einfühlungsvermögen förderlich sein können. Wir alle sind aufgerufen, „Gleichgesinnte" in Liebe und Mitgefühl zu sein (1Petr 3,8). Aber geschulte Therapeuten haben Beziehungsfähigkeiten entwickelt und erfassen seelische Hintergründe oft besser als die meisten von uns.

Einige spüren Gottes Liebe durch Seelsorge und Therapie. Ich ermutige viele – darunter auch Amy –, die Hilfe von Menschen mit solchen Fachausbildungen zu suchen.

EINE FÜRSORGLICHE GEMEINSCHAFT

Andere spüren Gottes Liebe in beziehungsorientierten Gemeinschaften von mitfühlenden Menschen. Ich würde gerne berichten, dass Religionsgemeinschaften *immer* Orte sind, an denen wir Gottes Liebe spüren können. Aber für viele Menschen ist gerade die Kirche das Problem! Zu viele Kirchengemeinden sind eher ein Hindernis für die Gnade als ein Weg, der zu ihr hinführt.

Einige Glaubensgemeinschaften sind wie die Arche Noah: Ihre Tiere werfen einen Haufen Mist ab! Die Mitglieder misten die Ställe aus und reinigen die Käfige vierundzwanzig Stunden am Tag, sieben Tage die Woche. Manchmal regnet der Mist so schnell herunter, dass wir in der Arche eher ertrinken als im offenen Wasser! Es ist keine Schande, diese Gemeinden zu verlassen.

Aber wir alle brauchen Gemeinschaft. Unentwegte Einsamkeit hemmt das Wachstum; Einzelkämpfer haben es schwer. Wir brauchen Beziehungsarchen, die Gesundheit und Heilung fördern. Wir brauchen Orte und Menschen, die Gottes einfühlsame Liebe zum Ausdruck bringen.

Glücklicherweise gibt es auch gesunde Orte und gesunde Menschen!

Mein Freund Larry hat mir kürzlich seine Biographie geschickt. Vor einiger Zeit hatte seine Frau eine Affäre mit ihrem Highschool-Freund, und sie hat ihn verlassen. Larry hat bei der Scheidung alles verloren, deshalb ist er in ein Appartement gezogen. „Ich hatte keine engen Freunde", schrieb er, „ich fühlte mich so einsam, dass ich sogar an Selbstmord dachte."

Larrys Therapeut empfahl ihm eine Männergruppe. Diese Männer wurden zum Zentrum seiner Wiederherstellung. Sie veranlassten Larry, wie er es ausdrückte, „sein spirituelles Leben ernster zu nehmen." Er schloss sich einer Gemeinde an, in der eine bejahende Lebenshaltung, Freude und Akzeptanz im Fokus standen. In dieser Männergruppe und in dieser liebevollen Kirchengemeinde fand Larry echte Freundschaften.

„Eines Tages geschah etwas Außergewöhnliches", schrieb Larry. „Plötzlich fühlte ich, wie sich mein Herz auf eine Art und Weise mit Freude füllte, wie ich es noch nie erlebt hatte... es war ein Moment jenseits aller Worte." Larry fühlte tief im Inneren Gottes Liebe. Seine Beziehungen in der Gemeinschaft machten diese Erfahrung möglich.

Ich ermutige jeden, nach fürsorglichen Gemeinschaften zu suchen. Natürlich ist keine Gruppe perfekt, weil Menschen nicht perfekt sind. Aber einige Beziehungsnetzwerke sind besser als andere. Im Idealfall helfen uns Gruppen, in denen wirklich Gottes Liebe im Mittelpunkt steht, Gottes Liebe zu erfahren.

Gemeinschaften der Fürsorge helfen uns, Gottes Fürsorge zu spüren.

ACHTSAMKEIT, MEDITATION UND GEBET

Einige unserer tiefgreifendsten Erfahrungen mit der Liebe Gottes stammen aus einer bewussten Fokussierung. Manche nennen dies Zentrierung oder Kontemplation. Andere nennen es Meditation, Reflektion oder Achtsamkeit. Viele nennen es einfach Gebet. Die Terminologie ist weniger wichtig als die tatsächliche Praxis der sorgfältigen Aufmerksamkeit auf Gott und das Leben.

Ich habe im Laufe der Jahre eine Reihe dieser Praktiken ausprobiert. Zu Beginn drehten sich meine Bemühungen hauptsächlich um Lob- und Dankgebete sowie Bitten. Ich sprach zu Gott über meine Kämpfe und bat um Hilfe. Ich hatte ein traditionelles Gebetsleben, mit gemischten Ergebnissen.

Mein Gebetsleben beinhaltet jetzt oft auch Atemübungen. Ich atme Gott bewusst und symbolisch ein und atme Liebe aus. Diese einfache Praxis zentriert meine Gedanken und hilft mir, mich Gott nahe zu fühlen. Ich spüre oft ein tiefes Gefühl der Sinnhaftigkeit. Ich werde daran erinnert, dass Gott mich in jedem Augenblick liebt und mich inspiriert, andere und mich selbst zu lieben.

Mein Freund Jay hält regelmäßig Exerzitien in Klöstern ab. Er ist nicht römisch-katholisch, aber er schätzt diese historische christliche Praxis. Exerzitien in Benediktinerklöstern helfen ihm, sich zu konzentrieren und vermitteln ihm gelegentlich ein tiefes Gefühl von Gottes liebender Gegenwart.

„Das christliche Mönchtum hat mir zu einer gesünderen Work-Life-Balance verholfen", sagt Jay. „Und das Gebet hat mir geholfen, mehr Einfühlungsvermögen für andere zu entwickeln." Aber Gebet in einer Einkehrzeit erfordert durchaus konzentrierte, bewusste Kraft.

Mir gefällt, wie Jay die „Ergebnisse" der betenden Meditation beschreibt: „Dieses Gebet entlarvt unser falsches Selbst, und wir begegnen Gott so, wie wir wirklich sind. Wir sind von Gott geliebte Menschen, die der verwandelnden Gnade bedürfen. Wir können uns auf andere Menschen einlassen, die vor den gleichen inneren Herausforderungen stehen."

Jays Ziel ist auf der Rückseite jeder Gedenkmünze des Heiligen Benedikt geschrieben: „Frieden". Es passt gut zu Paulus' Gebetsratschlägen: „Seid um nichts besorgt, sondern in jeder Situation durch Gebet und Bitten, mit Danksagung, legt Gott eure Anliegen vor, und der Friede Gottes, der alles Verstehen übersteigt, wird eure Herzen und Sinne behüten" (Phil 4,6-7).

Paulus verspricht nicht, dass unsere Gebete so erhört werden, wie wir es uns immer wünschen. Aber er verspricht Frieden. Frieden kann in vielen Formen kommen, vor allem aber in dem tiefen Gefühl, dass Gott uns liebt.

Manchmal spüren wir Gottes einfühlsame Liebe durch Achtsamkeit, Gebet und Meditation. Ich empfehle jedem eine Variante dieser Praxis.

ERFAHRUNGEN IN DER NATUR

Die natürliche Welt kann ein Schauplatz dafür sein, Gottes Liebe zu spüren. Tatsächlich sagen einige Outdoor-Enthusiasten, die

Zweites Kapitel: Gott fühlt unseren Schmerz

Natur sei ihre Kirche. Die Vorstellung, dass die Natur heilig ist, mag der Grund sein, warum geologische Wunder oft als Kathedralen, Göttergärten, himmlisch, oder als Lieblingsorte der Engel bezeichnet werden.

In ihrem Buch *Wild*, berichtet Cheryl Strayed über ihre Erfahrungen beim Wandern auf dem Pacific Crest Trail. Ihre Zeit in der freien Natur, oft allein, brachte ihr ein gewisses Maß an Erlösung. In einem Interview bat Oprah Winfrey in einer TV-Show Cheryl, diesen Satz zu beenden: „Ich spüre die Gegenwart Gottes, wenn..."; darauf antwortete sie sofort: „...ich mich an natürlichen, schönen, wilden Orten befinde."

Cheryl erfuhr, was Amerikas berühmtester Naturforscher, John Muir, ein Jahrhundert zuvor entdeckt hatte. Muir hatte Schwierigkeiten im Glaubensleben, denn die ihm als Kind gegebene Sicht auf Gott bedurfte einer Änderung. Sein Vater lehrte ihn, dass Gott ein strenger Zuchtmeister sei, aber Muir kam später zu der Überzeugung, dass „Gottes Liebe sich in der Landschaft wie in einem Gesicht manifestiert."[15]

Muir beschreibt eine spirituelle Erfahrung im Yosemite-Park: „Der Ort schien heilig, man konnte dort hoffen, Gott zu sehen. So tastete ich mich nach Einbruch der Dunkelheit, als es im Lager ruhig wurde, zu diesem Altarstein zurück und verbrachte die Nacht dort – über dem Wasser, unter den Blättern und den Sternen –, wo alles noch beeindruckender als am Tag war; die Wasserfälle erschienen in schemenhaftem weiß, während die Sterne durch das Blätterdach hindurchblickten und mit feierlichem Enthusiasmus das alte Liebeslied der Natur zu singen schienen... Gott sei Dank für dieses unsterbliche Geschenk."[16]

Vor einigen Jahren spürte ich Gottes Gegenwart beim Fotografieren in den Owyhee-Bergen von Idaho. Eines Abends bildete sich eine schöne Wolkenformation, und die untergehende Sonne malte ihr Strahlenbild in einer Reihe von Farben. Als sich diese Himmelsleinwand entfaltete, lief ich los, um meine Kamera zu positionieren und Fotos zu machen. Die Schönheit veranlasste mich spontan, meine „Pfingstler-Robe" umzulegen, und ich rief wiederholt: „Halleluja!"

In dieser Zeit der Ekstase heulten sich die Kojoten in der Ferne gegenseitig zu. Ich rief daraufhin mit ihnen: „Auuu, auuu, aueee!" Mein „Pfingstlersein" entwickelte sich zum Sprechen mit den Zungen der Kojoten. Ich war der heilige Franziskus, der mit den Kreaturen sprach, und Ansel Adams, der das Licht einfing!

Meine Wissenschaftler-Freunde sprechen manchmal davon, Gottes Liebe zu spüren, wenn sie die Natur erforschen. Einige studieren die kleinsten Einheiten und Organismen und staunen über ihre Komplexität und ihren Aufbau. Andere blicken in das riesige Universum und wundern sich darüber, dass der Schöpfer sich zutiefst um uns kümmert, so winzig wir im Vergleich dazu sind. Einige sehen Gott, wenn sie die Menschen studieren, von denen die Bibel sagt, dass sie nach Gottes Ebenbild geschaffen sind. Die Wissenschaft bietet denjenigen Gotteserfahrungen an, die sensible Ohren zum Hören und intuitive Augen zum Sehen haben.

Manche erleben Gottes Liebe, wenn sie mit der Natur in Verbindung stehen. Ein Spaziergang im Wald ist vielleicht genau das, was dein „guter Arzt" dir empfiehlt!

BILDENDE KUNST, MUSIK UND FILME

Manche Menschen spüren Gottes Gegenwart durch die Kunst. Es kann ein Gemälde von Warhol oder Caravaggio sein, die Musik von Bach oder Beyoncé oder eine Fotografie von Galen

Rowell oder Henri Cartier-Bresson. Einige spüren Gottes Gegenwart, wenn sie Händels *Halleluja*-Chor hören, wieder andere bei Leonard Cohens Song *Halleluja*.

Der Psychologe Abraham Maslow nannte diese intensiven Momente „Gipfelerlebnisse". Einige Gläubige nennen sie „Gottesmomente". Sie kommen, wenn wir von der Schönheit überwältigt werden. Sie mögen der Kunst von Michelangelo, Aretha Franklin, Sebastiao Salgado, Bob Dylan, Frank Lloyd Wright, Flannery O'Connor, Fjodor Dostojewski, B.B. King, Maya Angelou, Steven Spielberg, Gustav Klimt, Wolfgang Amadeus Mozart, Meryl Streep und so vielen anderen entstammen.

Wenige Dinge beleben mich mehr, als das Album *The Joshua Tree* von U2 über die Stereoanlage meines Autos aufzudrehen, jedes Fenster herunterzulassen, auf die tief hängende Sommersonne zuzusteuern, wärend die warme Luft um mein Gesicht weht und mein Haar durcheinander wirbelt. Da spüre ich Gott.

Die Musik, die meinen Vater berührte, war anders. Er liebte die Hymne „The Love of God". Ich spürte Gottes liebende Gegenwart, als die Gemeinde es bei seiner Beerdigung sang. Der Text stammt von einem alten jüdischen Gedicht, das zur Musik des zwanzigsten Jahrhunderts komponiert wurde:

Könnten wir mit Tinte den Ozean füllen
und wäre der Himmel aus Pergament
wäre jeder Stängel auf der Erde ein Federkiel
und jeder Mann von Beruf Schreiber:

Die Liebe Gottes zu beschreiben
würde den Ozean austrocknen.

Gott kann das nicht!

Die Schriftrolle könnte auch nicht das Ganze enthalten
obwohl von Himmel zu Himmel gespannt.

O Liebe Gottes, wie reich und rein!
Wie unermesslich und stark!
Es soll für immer und ewig Bestand haben –
das Lied der Heiligen und Engel.[17]

Filme sind ein Medium, das viele bewegt, und sie können Mittel sein, um Gottes Liebe zu spüren. Ich bat Freunde Filme aufzulisten, die sie Gottes liebende Gegenwart spüren ließen, und sie listeten Hunderte auf, darunter *Les Miserables*, *Die Verurteilten*, *Schindlers Liste*, *Tree of Life*, *Lars und die Frauen*, *Babettes Fest*, *Silence*, *Von Menschen und Göttern*, *Herr der Ringe* und *Die Farbe Lila*. Wenn die Zuschauer diese Filme erleben, erleben viele Gottes Gegenwart auf tiefgreifende Weise.

Kim schickte mir eine Nachricht, in der sie schrieb, sie habe Heilung erfahren, als sie den Film *The Help* sah. Als Kind wurde sie von einer schwarzen Magd namens Nevada aufgezogen. Kim hat schöne Erinnerungen an diese „zweite Mutter".

Kims Familie kampierte regelmäßig in den Smoky Mountains, und sie sah viele Schwarzbären. Im Hintergrund ihrer Träume sah sie einen Schwarzbären laufen. „Als ich sah, wie Minnie (Octavia Spencer) in *The Help* einen ausgestopften Schwarzbären säuberte", sagte Kim, „wurde mir klar, dass der Bär in meinen Träumen, die konstante Figur im Hintergrund meines Lebens, Nevada war."

Diese Erfahrung verband Kim, die auch im Süden aufgewachsen ist wie Jim Crow, mit ihrem Glauben, dass Gott immer gegenwärtig ist und ständig liebt. „Es war wirklich mächtig" sagte sie, „und es half mir innerlich, einigen tiefen Überzeugungen einen Sinn zu geben."

Ich könnte noch weitere Erfahrungen mit Kunst, Musik und Film aufzählen, die Menschen halfen, Gottes Liebe zu erfahren. Vielleicht kannst du deine eigenen hinzufügen. Gute Kunst verwandelt.

DIE LIEBE EINES KINDES

Zum Abschluss meiner Liste von Möglichkeiten, wie Menschen Gottes Liebe empfinden, komme ich zu dem, was vielleicht am häufigsten vorkommt. Viele berichten, dass sie sich in ihrer Liebe zu Kindern oder in der Liebe ihres Kindes zu ihnen von Gott geliebt fühlen. Eine der gebräuchlichsten Analogien von Gottes Liebe ist die Liebe der Eltern.

Lindi legte ihren zweijährigen Sohn eines Abends schlafen und kehrte zu einer Checkliste mit Verantwortlichkeiten zurück. Sie ist Pastorin, hat drei Jungen, und ihr Mann arbeitet oft lange. Sie sind in eine neue Stadt umgezogen und haben nun mit organisatorischen Herausforderungen und den Finanzen zu kämpfen.

Als sie an diesem Abend Online-Kurse unterrichtete, hörte Lindi ihren Sohn weinen. Sie ging zum Kinderbett und stellte fest, dass er seinen Schnuller fallen gelassen hatte. „Ich hob ihn auf" sagte Lindi, „und gab meinem Sohn den Schnuller. Ich zog ihn an meine Brust und begann ihn zu schaukeln. Instinktiv flüsterte ich ihm zu: ‚Es ist in Ordnung. Ich habe dich.'"

„In diesem Moment" sagte Lindi, „hörte ich Gott diese Worte zu mir sprechen: ‚Es ist in Ordnung. Ich habe dich auch.' Ich fühlte von Gott dieselbe Ruhe und denselben Trost, die ich meinem Sohn schenkte. Also erlaubte ich Gott, mich zu halten."

Gott kann das nicht!

Wenn wir andere lieben, haben wir manchmal das Gefühl, dass Gott uns liebt.

Mark spürte Gottes Liebe durch seine Tochter. Eines Abends, als Bücher auf dem Sofa lagen, beschloss seine dreijährige Tochter, dass es Zeit zum Plaudern sei. Sie fragte: „Was machst du da?" Ohne auf eine Antwort zu warten, kroch sie über Marks Bücher auf seinen Schoß.

Die Unterbrechung hielt Mark von der Arbeit ab und seine sehbehinderte Tochter benötigte Erklärungen, die andere Kinder nicht benötigen. Eine kurze Antwort auf „Was machst du da?" war nicht möglich. Außerdem war seine Konzentration nun dahin.

„Gerade, als ich zu platzen drohte", sagte Mark, „bat sie mich, nachzusehen, was sie sah." Sie hatte sich zwischen einer Lampe und einer Wand des Raumes positioniert. Ihr Körper warf einen großen Schatten.

„Siehst du das, Daddy?", fragte sie und zeigte auf die Wand. „Das ist Gott."

„Ich schaute auf den Schatten", sagte Mark, „und es schien, dass Gott mir eine Erinnerung an seine Liebe schenkte. Gottes Gegenwart war in meinem kleinen Mädchen offenbar. In den vergangenen Jahren half Gott unserer Familie liebevoll durch die unerforschten Gewässer einer sehbehinderten Tochter. In diesem Moment fühlte ich, wie seine Liebe über mich kam wie eine warme Bettdecke."

Gläubige aller Zeiten haben in Mutter-Kind-, Vater-Kind- und Großeltern-Enkelkind-Erfahrungen gelernt, mit welchen Mitteln sie Gottes Liebe spüren. Obwohl Eltern nicht immer liebevoll sind, können Bindungen innerhalb einer liebenden

Familie die Bindungen sein, die uns an den Einen binden, der sich *immer* um uns sorgt. Öffne dich dafür, Gottes Liebe durch die Liebe von Kindern, Eltern und der Familie zu spüren. Und dafür, sie zu lieben.

GLAUBENSÜBERZEUGUNG NR. 2 – GOTT FÜHLT UNSEREN SCHMERZ

Ich begann dieses Kapitel mit Kayla und Ty. Ich dachte, ich würde mit einem Update enden.

Ich wünschte, ich könnte sagen, dass sie sich von Verletzungen, Kinderlosigkeit und Einsamkeit zu einer problemlosen Glückseligkeit entwickelt haben. Aber das ist nicht ganz der Fall. Sie haben immer noch keine Kinder und haben sich gegen eine Adoption entschieden. Ty hat sich nie vollständig von seiner Kopfverletzung erholt. Das erste Weihnachtsfest in Cincinnati veränderte ihr Leben.

Kayla und Ty waren jedoch in der Lage, eine Liebesbeziehung zu Gott herzustellen. Zwei Praktiken machten für sie den Unterschied. Kaylas Mitarbeiterin lud sie zu einer Gruppe ein, die sich zweimal im Monat sonntags zum Mittagessen traf. Diese Gemeinschaft ersetzte Einsamkeit durch Freundschaft und machte Kayla und Ty auf Gottes Fürsorge und Anteilnahme aufmerksam.

Die beiden suchten auch Hilfe bei einer Therapeutin. Sie führte sie in die betende Meditation, verbunden mit Achtsamkeitsübungen, ein. Diese zentrierende, kontemplative Gebetspraktik, auf Basis des Glaubens, dass Gottes liebende Gegenwart uns umgibt und durchdringt, half Ty und Kayla tatsächlich, ihr Leben wieder aufzubauen.

Vielleicht könnte man zu diesen ersten beiden Praktiken noch eine dritte hinzufügen. Letzten Sommer reisten sie vier Tage mit dem Rucksack durch die Wildnis von Idaho. Am dritten Tag verbrachten sie ein paar Stunden an heißen Quellen, meilenweit entfernt von jeder Straße oder jedem Gebäude. In dieser Nacht liebten sie sich unter den Sternen und fühlten eine Liebe, die weit über ihre bekannte Liebe zueinander hinausging.

Der zweite Gedanke, über den ich dich zum Nachdenken einlade, ist, dass Gott deinen Schmerz fühlt. Unseren Schmerz. Alle Schmerzen. Es reicht nicht zu sagen, dass Gott das Böse nicht im Alleingang verhindern kann, obwohl das wichtig ist. Wir wollen auch wissen, dass es jemanden kümmert, wenn wir verletzt werden. Wir machen Fortschritte auf dem Weg zur Wiederherstellung, wenn wir glauben, dass Gott als ein Leidensgenosse mitfühlt, als jemand der uns wirklich versteht.

Manchmal spüren wir Gottes Liebe. Manche spüren sie öfter als andere, aber wir alle können Praktiken nutzen und Aktivitäten ausüben, die Erfahrungen mit der göttlichen Liebe fördern. Manchmal spüren wir dann den liebevollen Trost des Trösters, der mit uns leidet und mitfühlt.

Fragen

1. Warum glauben deiner Meinung nach einige Leute, dass Gott ungerührt und gefühllos ist?

2. Wie haben schlechte Ansichten über Gott dich davon abgehalten, Gottes liebende Empathie zu bejahen?

3. Worin besteht das Problem zu sagen, dass ein liebender Gott, der das Böse im Alleingang verhindern könnte, sich stattdessen dafür entscheidet, mit uns zu leiden?

4. Wie kann uns das Nachdenken über die Liebe Jesu helfen, an einen liebenden Gott zu glauben?

5. Wann hast du Gottes Liebe gespürt, und was hat dieses Gefühl ausgelöst?

6. Welche Hindernisse machen es uns schwer, Gottes Liebe zu spüren?

7. Welche der in diesem Kapitel erwähnten Aktivitäten möchtest du vertiefen oder ausprobieren, um Gottes Liebe stärker zu erfahren?

DRITTES KAPITEL
Gott wirkt, um zu heilen

„Wenn du nur mehr Glauben hättest, würdest du geheilt werden."

Anfang dieses Jahres wurde bei Carlos Lungenkrebs diagnostiziert. Sein Arzt sagte, er würde keinen weiteren Sommer mehr erleben. Er und seine Familie hatten Mühe zu verstehen, wie ein zäher Zweiundvierzigjähriger Krebs bekommen konnte.

Alle haben gebetet. Einige flehten Gott an, diesen jungen Mann zu heilen. Es wurden Versprechungen gemacht und „Gaben auf den Altar gelegt", aber sein Zustand änderte sich nicht.

Tante Rosa Maria gab Carlos die Schuld. „Die Bibel sagt, dass diejenigen, die Glauben haben, geheilt werden, Sobrino", sagte sie. „Du musst mehr beten. Du musst glauben!"

Sie wies auf das Markus-Evangelium hin, in dem es um eine Frau geht, die seit zwölf Jahren an Blutungen litt. Die Frau „hatte unter der Obhut vieler Ärzte sehr gelitten und hatte alles ausgegeben, was sie hatte", schreibt Markus. Anstatt eine Besserung zu erleben, „hatte sich ihr Zustand verschlechtert."

Eines lebensverändernden Tages berührte diese Frau den Saum des Gewandes Jesu. Diese Berührung machte den Unterschied. „Tochter, dein Glaube hat dich geheilt", sagte Jesus. „Gehe hin in Frieden und sei frei von deiner Bedrängnis."

Unmittelbar nach dieser Heilung ging Jesus zum Haus eines Kindes, das bereits für tot erklärt worden war. „Habt keine Angst", sagte Jesus zu denen, die bei ihm waren, „glaubt einfach". Als er beim Haus des Mädchens ankam, sagte er nur: „Steh auf", und sie stand sofort auf (Mk 5,24-42).

Diese und andere Begebenheiten aus der Bibel scheinen zu sagen, dass Heilung vom Glauben abhängt. Carlos glaubt... oder er versucht es zumindest. Er setzt so viel Glauben ein, wie er kann. Er verhandelt mit Gott. „Wenn du mich heilst", betet Carlos, „werde ich der beste Diener sein, den du je hattest. Ich werde ein ‚Superheiliger' sein."

Zusammen mit dem Elend, den der Krebs mit sich bringt, fühlt sich Carlos auch schuldig. „Ich bezweifle, dass ich gut genug für den Himmel bin", sagte Carlos kürzlich. „Die Bibel sagt, dass ohne Glauben niemand Gott gefallen kann. Glaubst du, dass ich in die Hölle komme?"

Anstatt Hoffnung zu vermitteln, treiben diese Gebete um Heilung manche erst recht zur Verzweiflung.

EIN HEILENDER GOTT

Wenn wir unser Denken und Leben wiederherstellen wollen, müssen wir ändern, was wir glauben und wie wir handeln. Das gilt insbesondere dann, wenn wir Gottes Beziehung zu Missbrauch, Tragödien und Bösem einen Sinn geben wollen. Um

Drittes Kapitel: Gott wirkt, um zu heilen

verwandelt zu werden, müssen wir unsere Überzeugungen erneuern.

Wir haben gesehen, dass unsere Wiederherstellung eine Änderung unserer Sicht über Gottes Macht erfordert. Wir sollten Gott nicht für das Böse verantwortlich machen, denn Gott kann es nicht im Alleingang verhindern. Gott verursacht und erlaubt kein Leiden, sondern bringt immerzu seine nicht kontrollierende Liebe zum Ausdruck.

Wir haben auch gesehen, dass Gott mit uns mitfühlt. Gott kümmert sich *wirklich* um uns, denn Gott erlebt unser Elend und unseren Schmerz. Gott hat Mitgefühl und leidet mit denen, denen Leid zugefügt wurde. Wir sind nicht allein, denn wir haben einen Leidensgenossen, der uns versteht.

Aber... nachdem wir verletzt worden sind, wollen wir auch wieder *heilen.*

Es reicht nicht zu sagen, dass Gott das Böse, das wir erlitten oder miterlebt haben, nicht aufhalten kann, auch wenn das wichtig ist. Es reicht nicht aus, zu sagen, Gott spürt unseren Schmerz und tröstet uns, obwohl auch das wichtig ist. Wir wollen gesund werden.

Wir wollen heil werden.

Eine dritte hilfreiche Glaubenshaltung ist, dass Gott wirkt, um diejenigen zu heilen, die gebrochen und missbraucht, verwundet und vernarbt, verletzt und verwirrt sind. Gott antwortet auf das Böse, indem er daran arbeitet, die Dinge zum Guten zu wenden. Die von Gott angestrebte Heilung kann emotional, körperlich, beziehungsorientiert oder geistlich sein. Wiederherstellung nimmt viele Formen an.

Heilung steht im Mittelpunkt dieses Kapitels, doch über dieses Thema gibt es viel Verwirrung. Zu verstehen, *wie* Gott heilt und *warum* viele nicht geheilt werden, trägt sicher zu einer Klärung bei.

Um das *Wie* und *Warum* zu beantworten, müssen wir einige Heilungsmythen aufdecken. Falsche Ideen frustrieren, machen uns wütend und nehmen uns die Motivation, Heilung zu suchen. Wir müssen falsche Ideen aufdecken und sie zurückweisen.

Wir müssen diese Mythen über Heilung ablegen, um unser beschädigtes Leben wiederherstellen lassen zu können.

GOTT HEILT (NICHT)?

Willst du ein hitziges Gespräch? Dann frage eine beliebige Gruppe von Menschen, ob Gott heilt!

Einige werden göttliche Heilung leugnen. Viele haben um Wunder gebetet, aber ihre Gebete sind unbeantwortet geblieben. Eine Wiederherstellung ist nie eingetreten. Die meisten Skeptiker haben offene Augen für die Realitäten des Lebens und sind ehrlich in Bezug auf ihre Enttäuschungen über Gott.

Verneiner göttlicher Heilung erklären die wenigen Genesungen auf verschiedene Weise. Einige beinhalten Fehldiagnosen. Andere entstehen durch die natürlichen Kräfte des Körpers. Manchmal werden wir geheilt, weil die moderne Medizin ihre Arbeit tut. Skeptiker beschreiben es manchmal als die Macht des Wunschdenkens. Der Placebo-Effekt ist stark.

Diejenigen, die übernatürliche Heilung leugnen, sind sich des zwielichtigen Rufes der meisten Glaubensheiler bewusst. Betrügereien, Tricks und falsche Versprechungen gibt es im Überfluss. Oder sie berufen sich auf fehlende empirische Daten, die belegen, dass echte Heilung stattgefunden hat.

Diejenigen, die behaupten, geheilt zu sein, konsultieren zudem selten Ärzte, um ihre Behauptungen bestätigen zu lassen. Die Verneiner bringen gültige Argumente vor, aber eine Tatsache bleibt: *Manchen* Menschen geht es besser. *Manche* Heilung scheint authentisch zu sein. Die Erklärungen, die Skeptiker abgeben, mögen Gültigkeit haben, aber sie erklären nicht *jede* legitime Heilung.

Diejenigen, die Heilung leugnen, stellen oft eine wichtige Frage: Wenn Gott jederzeit jeden heilen kann, warum werden dann nicht *mehr* Menschen geheilt? Ist Gott geizig? Menschen beten viel öfter um Heilung, als Gott zu antworten scheint. Hat Gott bevorzugte Favoriten, und ist Gottes „Favoritenliste" extrem kurz? Schläft Gott bei der Arbeit? Schlimmer noch: Wartet Gott darauf, dass wir betteln, flehen oder uns irgendwie zusammenreißen, bevor er eingreift? Sagt Gott: „Ich werde noch nicht heilen, ich warte auf weitere siebenundachtzig Gebete?"

Wir haben uns gefragt, warum ein liebender und mächtiger Gott das Böse nicht verhindert. Es gibt eine verwandte Frage, die ich „das Problem der selektiven Heilung" nenne. Es fragt sich, warum ein liebender und mächtiger Gott so selten heilt. Warum erleben die meisten Menschen nicht sofort die Heilung, die Gott angeblich bewirken kann?

Wenn Gott heilt, warum heilt Gott dann nicht *viel öfter*?

GOTT HEILT IMMER?

Hören wir uns nun diejenigen auf der anderen Seite dieses Streitgesprächs an. Einige argumentieren nachdrücklich, dass Gott heilt. Sie bezeichnen sich selbst oft als „wahre" Gläubige.

Gott kann das nicht!

Wahre Gläubige berichten von dramatischen Heilungen, die sie miterlebt haben. Sie weisen auf ihre eigenen Heilungen hin oder berichten von den Erfahrungen anderer. Einige nennen Glaubensheiler, deren Erfolgsquote ihrer Meinung nach sehr hoch – wenn nicht gar 100 Prozent – ist. Sie werden sagen, dass Heilungen häufig in fremden Ländern stattfinden, und beklagen die Ablehnung des Übernatürlichen durch die moderne Welt.

Christen, die darauf bestehen, dass Gott heilt, verweisen auf die Bibel als Beweis *par excellence*. Viele Geschichten besagen, dass Gott Gesundheit, Ganzheit und Wohlstand bringt. Andere Passagen versprechen Heilung und sagen, Gott sei der große Arzt.

Wahre Gläubige spielen die Bibel manchmal wie eine Trumpfkarte aus. Von denen, die Heilung in Frage stellen, wird angenommen, dass sie die Autorität der Bibel in Frage stellen. „Bibelgläubige Christen zweifeln nicht an Gottes Heilungskraft", sagen sie.

In ihrem überschwänglichen Zeugnis von Gottes gnädiger Heilung übersehen diese wahren Gläubige eine beunruhigende logische Beziehung zu ihrem Anspruch: Diejenigen, die nicht geheilt werden, sind also *keine* Empfänger von Gottes heilender Gnade. Das ist das Problem der selektiven Wunder: Wenn Gott so gnädig ist, warum werden dann nicht eine ganze Menge Menschen mehr geheilt?

Warum heilt Gott eigentlich nicht *jeden*?

Mein Freund Adam drückte es so aus: „Wenn ich von den Dächern rufe, dass Gott mich geheilt hat, werden verletzte Menschen sich fragen, ob Gott das *wirklich* getan hat. Und wenn Gott es getan hat, warum hat Gott *sie* dann nicht geheilt?"

Wahre Gläubige bieten Antworten darauf, warum Gott nicht immer heilt. Einige behaupten, dass der Teufel oder Dämonen eine Heilung verhindern, obwohl die meisten glauben, dass Gott heilen kann, egal was Dämonen tun. Andere geben Opfern die Schuld für ihren mangelnden Glauben. Aber einem Missbrauchsopfer zu sagen, ihm fehle der Glaube, erscheint mir besonders herzlos! Die Selbstgefälligen spielen das Spiel der Schuldzuweisungen.

Einige wahre Gläubige berufen sich auf einen geheimnisvollen göttlichen Plan. Sie behaupten, dass es nach diesem Plan besser sei, dass einige Menschen an Krebs sterben, sich nie von einer Krankheit erholen oder unter zutiefst lähmenden Bedingungen leben. Dieser Plan sieht vor, dass Millionen von Menschen nicht von einem Trauma geheilt werden. Einige Menschen in diesem „Plan" werden sexuell missbraucht oder unbarmherzig gefoltert.

Ich für meinen Teil kann einen solchen „Plan" ehrlich gesagt nicht als liebevoll bezeichnen!

Andere sagen, unsere Schwierigkeiten seien eine Strafe Gottes. Gott erteilt den Verletzten eine Lektion. „Kein Schmerz, kein Gewinn", sagen sie. „Besser, in diesem Leben bestraft zu werden und daraus zu lernen, als die Ewigkeit in der Hölle zu verbringen!"

Dazu sage ich: „Ich will die Ewigkeit nicht mit einem Gott verbringen, der andere quält!"

DER ARZT MACHT URLAUB

In meinen Zwanzigern habe ich mich ernsthaft mit jeder Schrift über Heilung befasst, die ich finden konnte. Meine Reise begann mit einem Buch von John Wimber, und sie beinhaltete

Schriften von charismatischen, katholischen und pfingstlerischen Christen. Ich las kraftvolle Geschichten. Die Autoren beriefen sich alle auf die Bibel, und ich fand viele Argumente überzeugend. Sie sprachen sich nachdrücklich dafür aus, zu glauben, dass Gott heilt.

Ermutigt durch das, was ich gelesen hatte, begann ich einen Heilungsdienst. Ich betete oft für Kranke, geschwächte und angeschlagene Menschen. Ich ahmte Heilungstechniken nach und kopierte Redewendungen, die ich bei meinen Nachforschungen fand. Ich salbte die Kranken mit Öl, legte meine Hände auf die Kranken und betete laut und inbrünstig. Ich betete gegen Dämonen, Geister und Kräfte, von denen man mir sagte, sie könnten die Ursache der Probleme sein. Ich nahm an Heilungsgottesdiensten teil, beobachtete begabte Heiler und schloss mich anderen Heilungsdiensten an.

Ich war voll dabei.

Nach einigen Jahren musste ich zugeben, dass ich keine relevanten Ergebnisse sah. Nur wenige Menschen wurden geheilt. Diejenigen, die Heilung beanspruchten, wurden von relativ geringfügigen Beschwerden wie Kopfschmerzen und Erkältungen geheilt. Ich entdeckte, dass auch andere, die um Heilung beteten, keine eindeutigen Ergebnisse sahen. Ich wurde skeptisch gegenüber den Heilungsnachrichten, die ich hörte und hielt die meisten Heilungszeugnisse für verfälschte Nachrichten.

In diesen Jahren entdeckte ich eine kleine Gruppe von Gläubigen, die behaupteten zu wissen, warum Heilungsgebete versagen. Sie nannten ihre Ansicht „cessation" (übersetzt etwa: „Beendigung") und sie glaubten, Gott heile heute nicht mehr.

Diese Gläubigen geben zu, dass Gott früher geheilt hat wie die Bibel es beschreibt. Und sie sind überzeugt, dass Gott jetzt heilen *könnte*, wenn er es wollte. Doch diese Leute glauben, dass Gott in unseren Tagen freiwillig mit dem Heilen aufgehört hat. Der Arzt macht gerade Urlaub vom Heilen.

Die Sichtweise der „Cessationisten" bietet einen simplen Grund, warum Heilungsgebete scheitern: Gott beantwortet sie nicht mehr. Aber sie erklärt nicht die Heilungen, die doch auftreten, so selten sie auch sein mögen. Noch wichtiger ist, dass ihre Auffassung der „Beendigung" nicht gut erklärt, warum Gott mit dem Heilen *aufgehört hat*. Sie bietet keinen überzeugenden Grund, warum Gott aufhören würde, missbrauchten, verletzten und kranken Menschen zu helfen.

WENN ES DEIN WILLE IST

Während dieser Zeit begann ich, einen Zusatz zu Heilungsgebeten zu hören. Tatsächlich sprach ich den Satz dann selbst einige Male aus, bevor ich mit ihm unzufrieden wurde. Kurz nachdem ich Gott gebeten hatte zu heilen, hörte ich, wie Leute hinzufügten: „Wenn es Dein Wille ist."

„Bitte heile Jane von Leukämie" hörte ich jemanden beten, „wenn es Dein Wille ist."

„Wir beten gegen den Dämon der Epilepsie und bitten Dich, unseren leidenden Bruder zu heilen", sagte ein anderer, „wenn es Dein Wille ist."

„Wir wissen, dass Du Blinde sofort heilen kannst, dass Du diese an den Rollstuhl gefesselte Frau zum Laufen bringen kannst, dass Du diesen Säugling mit Fehlfunktionen der inneren Organe heilen kannst, dass Du die Depression dieses Teenagers heilen kannst, dass Du sein HIV/Aids heilen kannst, dass

Du ihn von Alzheimer heilen kannst, dass Du seine Multiple Sklerose heilen kannst, dass Du seine Sichelzellenanämie heilen kannst… wenn es Dein Wille ist."

Wenn es Dein Wille ist? Was zum…

Würde ein liebender Gott nicht wollen, dass wir frei von sinnlosen Schmerzen und unnötigen Krankheiten sind? Wäre es nicht Gottes Wille, den Misshandelten, Verwirrten, Verletzten und Kranken zu helfen? Wäre es nicht Gottes Wille, den emotional Vernarbten zu helfen? Gehört es nicht zu „Gott liebt uns", dass Gott in allen Dimensionen zu unserem Wohl handelt?

Andere Fragen stellen sich, wenn wir glauben, dass Gott liebt und heilen will. Wenn es Gottes Wille ist, zu heilen, und er es ohne jeden Input kann, warum müssen wir dann noch darum bitten? Ein liebender Gott würde von uns nicht verlangen zu betteln oder vor ihm zu kriechen. Ein liebender Gott, der im Alleingang heilen könnte, würde das tun, was am besten für seine Kinder ist, ob wir beten oder nicht.

Eine andere Frage hängt damit zusammen: Wenn es *nicht* Gottes Wille ist, zu heilen, warum sollen wir ihn dann darum bitten? Wenn Gott nicht will, dass ein Leiden geheilt wird, scheint unser Gebet vergeblich. Wir verschwenden unsere Zeit. Wenn Gott etwas nicht tun will, weil es nicht seiner „Art" von Liebe entspricht, warum dann sinnlos versuchen, Gott zu manipulieren?

Im Laufe der Zeit kam ich zu der Überzeugung, dass der Spruch „Wenn es Dein Wille ist" eine getarnte Ausrede ist, die man nutzt, um die schwierigen Fragen zu vermeiden die wir alle stellen, wenn ein Heilungsgebet versagt. „Wenn es Dein Wille ist" ergibt keinen Sinn.

Drittes Kapitel: Gott wirkt, um zu heilen

Wir brauchen eine plausible Erklärung dafür, warum Heilung manchmal stattfindet, oft aber nicht.

TRAUMA

Manchmal entsteht die größte Verwirrung nicht durch den Schmerz im Augenblick, sondern durch das anhaltende Trauma, das wir nach Ungerechtigkeit und Bösem erleben. Langfristiger Missbrauch kann besonders lähmend sein und ein Langzeittrauma verursachen. Die Nachwirkungen von Gewalt können uns in einer Art Wiederholung des Leidens durch schmerzhafte Emotionen und Erinnerungen komplett aus der Bahn werfen.

Paul diente im Zweiten Golfkrieg und im Irak. Wie viele andere Veteranen leidet er nun an PTBS: Posttraumatischer Belastungsstörung. Nachdem er einen Vortrag über Traumata gehört hatte, ging er auf den Redner zu und sagte: „Ich weiß, dass ich wahrscheinlich all die Symptome habe, von denen sie sprechen… Aber meistens fühlt es sich einfach nur traurig an. Ich bin die ganze Zeit traurig."

Anders als viele, die ein Trauma erleiden, hat Paul die Kirche nicht verlassen. Er ist sogar Pastor. Aber er bringt eine Wahrheit zum Ausdruck, die andere Traumaüberlebende nur zu gut kennen, wenn er sagt: „Die Kirche bot mir keinen Ort, an dem ich meine Erfahrungen einbringen konnte."[18]

Die Wunden bleiben, ebenso wie unsere Erinnerungen an schreckliche Erfahrungen. Opfer von sexuellem Missbrauch, psychologischer Manipulation und politischen Konflikten können anhaltende Traumata erleiden. Negative Gedanken und Gefühle überfluten traumatisierte Menschen gegen ihren eigenen Willen.

Die Theologin Shelly Rambo beschreibt das Trauma treffend, indem sie sagt: „Es kommt zu einer grundlegenden Abkopplung von dem, was man in der Welt als wahr und sicher kennt." Das traumatische Ereignis „wird zum bestimmenden Ereignis, über das hinaus kaum etwas anderes vorstellbar ist."[19] Das Trauma bleibt bestehen, weil die Auswirkungen des Bösen oft lange fortbestehen.

Selbst ohne eigenes Verschulden erleben Überlebende solcher Traumata nicht immer ein siegreiches und sorgenfreies Leben. Ihr Leiden geht nicht weg. Trotz ihrer Bemühungen können sie sich nicht anpassen, nicht überwinden und keine Wiederherstellung erleben. Die Ereignisse und Erinnerungen der Vergangenheit üben eine Kraft aus, der sie sich nicht komplett widersetzen können.

„Wahre" Heilungsgläubige können nicht erkennen, wie ihre Einstellung sich auch negativ auf Überlebende von Traumata auswirkt. Wenn Gott alle Probleme schnell und im Alleingang beheben kann und das nicht tut, dann liegt es nahe, dass Gott das anhaltende Trauma derjenigen, die Gott *nicht* schnell und im Alleingang heilt, bewusst möchte.

Wenn Trauma-Überlebende Heilung erfahren, ist sie selten vollständig. Mein Freund Mark drückt es so aus: „Egal, wie viel Heilung wir genießen, wir werden immer ein paar Risse in unseren Töpfen haben, ein bisschen Nebel im Spiegel unserer Seelen und Mängel in unserer Sehkraft." Einige Traumata sind noch vorhanden.

Eine plausible Erklärung für diese Frage berücksichtigt also beides: die Heilung einerseits und das oft nicht völlig geheilte Trauma andererseits.

EIN EVANGELIKALER VERLIERT DEN GLAUBEN

Einer der führenden amerikanischen Bibelwissenschaftler war einst ein Evangelikaler, der nun nicht mehr an Gott glaubt. Das Nachdenken über die Fragen des Bösen und der Heilung brachte diesen Gelehrten, Bart Ehrman, dazu, seinen lang praktizierten Glauben zu revidieren.

In seinem Buch *God's Problem: How the Bible Fails to Answer Our Most Important Question – Why We Suffer* (Gottes Problem: Wie die Bibel unsere wichtigste Frage – warum wir leiden – nicht beantwortet) untersucht Bart, wie biblische Autoren mit dem Bösen umgehen. Er geht auf Schlüsselstellen im Alten und Neuen Testament ein und zeigt Erklärungsvorschläge für das Böse auf.

Bart kommt zu dem Schluss, dass die Bibel mehrdeutige Antworten auf das Leiden nennt. Aber keine dieser Antworten befriedigt. Die Bibel antwortet nicht – zumindest nicht auf geradlinige Weise – auf die Frage, die verletzte Menschen stellen: „Warum hat Gott mein Leiden nicht verhindert?"

„Wenn es einen Gott gibt", schreibt Bart gegen Ende des Buches, „dann ist er nicht die Art von Wesen, an die ich als Evangelikaler geglaubt habe: eine persönliche Gottheit, die die letzte Macht über diese Welt hat und sich in menschliche Angelegenheiten einmischt, um seinen Willen unter uns durchzusetzen."

Den Gott, der *so* eingreift, gibt es nicht.

Die Gläubigen, die an göttliche Heilung glauben, werden natürlich anderer Meinung sein. Aber Barts Fragen sind kraftvoll: „Wenn Gott Krebs heilt, warum sterben dann Millionen an Krebs? Wenn die Antwort lautet, dass es sich um ein Mysterium handelt („Gott wirkt auf geheimnisvolle Weise"), dann ist das dasselbe, als ob wir *nicht* wüssten, was Gott tut oder wie er ist. Warum also so tun, als wüssten wir es?" [20]

Ich glaube, Bart Ehrman hat Recht... zumindest in einem Punkt: Das Argument des „Mysteriums" ist viel zu schwach.

Diejenigen, die glauben, dass Gott heilt, müssen eine vernünftige Erklärung für ihren Glauben geben können. Wenn sie keine Ahnung haben, was Gott tut oder wie Gott ist, sollten sie aufhören an Gott zu glauben. Blinder Glaube wird da nichts helfen.

Wenn Gläubige denken, *etwas* über Gott zu wissen, müssen sie eine plausible Erklärung dafür liefern, warum Millionen an Krebs sterben, während sich nur einige von ihnen vom Krebs erholen.

Wir, die wir an Gott glauben, brauchen eine Theorie der göttlichen Heilung, die ernsthaft Sinn macht.

IMMER PRÄSENT UND IMMER LIEBEVOLL

Zur persönlichen Wiederherstellung brauchen wir den Glauben, dass Gott immer heilend wirksam ist. Zur Erklärung meiner Aussage, dass Gott beständig wirkt, um zu heilen, biete ich vier Schritte an. Sie beantworten die Fragen, die wir hier untersucht haben.

Wir müssen dabei gewisse Mythen überwinden und uns die Wahrheiten über Heilung zu eigen machen.

Der erste Schritt, um Heilung sinnvoll zu verstehen, ist der Glaube, dass Gott in der ganzen Schöpfung immer gegenwärtig ist und sie immer bis zum Äußersten liebt. Gott ist allgegenwärtig und allliebend.

Diese Vorstellung mag harmlos erscheinen, denn viele Menschen glauben, dass Gott jeden und alles liebt. Und viele glauben, Gott sei in der ganzen Schöpfung gegenwärtig. Aber nur wenige bedenken die radikalen Auswirkungen dieser Glaubensvorstellungen. Alles bedeutet... **alles**! Gott ist in allem – von den einfachsten bis zu den komplexesten Ausprägungen des Lebens – gegenwärtig. Gott ist in jeder Zelle, jedem Luftmolekül und jedem Atom gegenwärtig. Gott ist in jeder Welt, jeder Galaxie und jedem Universum gegenwärtig. Gott ist gegenwärtig in jedem Geschöpf, ob klein oder groß, einschließlich dir und mir.

Gottes Liebe zu allen bedeutet, dass Gott für das Wohl der *ganzen* Schöpfung arbeitet. Das bedeutet nicht, dass Gott alles *mag*, was wir tun. Gott mag zum Beispiel das Böse nicht. Gott hasst Vergewaltigung, Mord, Lügen, Verrat, Folter und so weiter. Aber Gott arbeitet für das Wohl von Übeltätern, ohne deren böse Handlungen zu mögen. Und da wir alle Böses getan haben, ist es gut zu wissen, dass Gott uns liebt, ungeachtet dessen, was wir getan haben!

Gott ist liebevoll am Werk, in jedem Augenblick und auf jeder Ebene seiner gesamten Schöpfung.

In Krisenmomenten rufen wir oft um Hilfe. Wir schreien nach göttlicher Intervention. In der Verzweiflung sehen wir nur einen Ausweg: „Hilf mir, Gott!"

Wenn wir jedoch innehalten und darüber nachdenken, machen Bitten um „Intervention" keinen Sinn. Wenn Gott bereits gegenwärtig ist und die ganze Zeit für das Gute handelt, brauchen wir Gott nicht bitten, in unsere Situation zu kommen. Gott ist bereits hier; ein allgegenwärtiger Gott ist überall.

Gott kommt niemals „herab", um einzugreifen, denn Gott ist immer schon gegenwärtig!

Dies hat starke Auswirkungen auf das Verständnis von Heilung. Wenn wir glauben, dass Gott zu allen Zeiten liebevoll gegenwärtig ist, bedeutet das, dass Gott für unsere Atome, Zellen, Neuronen, Muskeln, Organe, Gliedmaßen und unseren Geist gegenwärtig ist – für jedes Bisschen von dem, was wir sind. Gott ist *mit* jedem Teil von uns, Augenblick für Augenblick, in jeder Situation.

Der Gott, der immer liebt, ist immer schon am Werk, um zu heilen. Wir brauchen ihm nicht zu schmeicheln, zu flehen oder zu betteln. Es ist nicht nötig, auf allen Vieren zu kriechen und in der Hoffnung am Boden zu kauern, dass ein zorniger Gott nachgibt und uns zur Hilfe kommt. Gott tritt nicht von außen in eine Situation ein, als wäre er zuvor mit einer anderen Angelegenheit beschäftigt gewesen.

Gott ist immer und überall am Werk und heilt unter den gegebenen Umständen bis zum Äußersten.

Wir werden untersuchen, was ich mit „Heilung bis zum Äußersten" und „unter den gegebenen Umständen" meine; doch das muss noch etwas warten. Lass mich zunächst zum zweiten Schritt übergehen, der notwendig ist, um ein sinnvolles Verständnis über Heilung zu erhalten.

GEMEINSAME ARBEIT MIT MENSCHEN UND ANDEREN LEBEWESEN

Der zweite Schritt zum Verständnis von Heilung besagt, dass Gott an der Seite der Menschen und der gesamten Schöpfung wirkt.

Zu sagen, dass Gott „an unserer Seite" arbeitet, bedeutet nicht, dass Gott nur indirekt wirkt. Gott kennt uns persönlich und liebt uns spezifisch, indem er direkt auf Heilung hinarbeitet.

Drittes Kapitel: Gott wirkt, um zu heilen

Dass Gott an der Seite von Menschen und anderen Lebewesen der Schöpfung wirkt, bedeutet, dass Gott in keiner Situation die *einzige* Ursache ist. Auch andere Akteure und Ursachen – gute, schlechte oder indifferente – beeinflussen das Geschehen. Wir sind relationale Wesen in einem miteinander verbundenen Universum, so dass wir *immer* von anderen beeinflusst werden. Wir leben in einem sozialen Netzwerk.

Also… mit wem arbeitet Gott zusammen, wenn er an unserer Heilung arbeitet?

Lass mich mit den Angehörigen der Gesundheitsberufe beginnen. Gott arbeitet mit Ärzten, Krankenschwestern, Apothekern, medizinischen Fachleuten, Ernährungswissenschaftlern und „alternativen" Heilern zusammen. Gott inspiriert diese Helfer und arbeitet an ihrer Seite. Sowohl die Mitarbeiter im Gesundheitswesen als auch Gott beeinflussen uns direkt.

Diejenigen, die fragen: „Hat Gott dich geheilt oder war es ein Arzt?", stellen eine falsche Wahl in den Raum. Wenn wir Heilung durch chirurgische Eingriffe, physikalische Therapie, verschriebene Medikamente, Ernährung usw. erleben, dann erfahren wir Gott *und* Menschen, die gemeinsam für solche positiven Ergebnisse arbeiten. Jede Heilung – ganz gleich, wie sie geschieht – hat Gott als Quelle. Gott arbeitet sogar mit Gesundheitsdienstleistern zusammen, die nicht an Gott glauben!

Gott arbeitet auch an der Seite von Menschen mit außergewöhnlichen Erfahrungen, spezialisierter Ausbildung und einzigartigen Gaben. Diese Menschen können Pastoren, Seelsorger, Sozialarbeiter oder Lebensberater sein. Manchmal hilft auch der praktische Rat gewöhnlicher Menschen – die selbst schon viel erlebt haben – missbrauchten, kranken und verletzten Personen.

Gott kann das nicht!

Verschiedene Gruppen und Glaubensgemeinschaften können in Gottes Heilungswerk eine Rolle spielen. Anonyme Alkoholiker und andere Selbsthilfegruppen betonen zum Beispiel, neben Gruppenverantwortung und persönlicher Verantwortung, auch den Glauben an eine „höhere Macht" als wesentlichen Schritt auf dem Weg zur Heilung. Derjenige, der eine Genesung erlebt, darf sich immer auf Gottes heilende Wirksamkeit berufen, aber auch die Mitverantwortung einer Gruppe und des persönlichen Handelns betonen, durch die Verletzungen, Gewohnheiten und Abhängigkeiten überwunden werden.

Ich könnte viele Menschen und Gruppen aufzählen, mit denen Gott zusammenarbeitet. Aber ich möchte eine weitere Ebene nennen: liebevolle Freunde und Familien. Natürlich verursachen gerade uns nahestehende Personen manchmal unseren Schmerz und unser Leid. Aber *liebevolle* Freunde und Familien sind mächtige Kräfte, an deren Seite Gott wirkt, um zu heilen. Es liegt Wahrheit in dem Sprichwort: „Freundschaft heilt". Unsere Genesung kann eine Familienangelegenheit sein.

Schauen wir uns nun die Kräfte in uns an. Unsere eigenen Handlungen, Gedanken und Gewohnheiten können heilende Quellen sein, denn was wir tun, hat eine Auswirkung auf unser geistiges und körperliches Wohlbefinden. Negative Gewohnheiten, destruktive Gedankenmuster, törichte Entscheidungen, schlechte Ernährung, Schlafmangel und fehlende Bewegung schaden uns. Gott ermutigt zu positivem, konstruktivem und weisem Handeln und benutzt diese, wenn er heilt.

Entscheidungen, um unsere Denkmuster, Essgewohnheiten, unser Bewegungsprogramm oder unseren Schlaf zu ändern, spielen oft die größte Rolle bei der Heilung. Was wir tun, ist wichtig! Lasst uns noch tiefer eintauchen. Unsere Zellen, Organe, unser Blut, unsere Muskeln und andere Körperteile sind ebenfalls Ansatzpunkte, mit denen Gott für unsere Heilung zusammenarbeitet. Gott ist in jedem Teil unseres Körpers *direkt* gegenwärtig, vom kleinsten bis zum größten. Die Organismen in unserem Körper können bei der Heilung, die Gott durchführen will, eine Schlüsselrolle spielen.

Wenn wir glauben, dass Gott an der Seite der ganzen Schöpfung heilt, und wenn wir all die Heilungen einbeziehen, die geschehen, wenn Gott an der Seite von Ärzten, Krankenschwestern, Therapeuten, Heilkundigen, Seelsorgern, Sozialarbeitern, ausgebildeten und nicht ausgebildeten Helfern, Alltagsmenschen, unseren eigenen Praktiken und den Stoffen und Kräften unseres Körpers wirkt, werden wir erkennen, dass viel mehr Heilung geschieht, als wir bisher dachten. Es findet eine ganze Menge an Heilung statt!

Gott *ist* im Heilungsgeschäft. Und der Große Arzt sucht Partner für dieses Gemeinschaftsunternehmen – von den kleinsten Einheiten über einzelne Menschen bis hin zu ganzen Gesellschaften.

GOTT KANN NICHT IM ALLEINGANG HEILEN

Der dritte Schritt ist entscheidend für das Verständnis, warum viele *nicht* geheilt werden. Er erweitert den Gedanken von Schritt zwei und greift gleichzeitig auf, was wir über Gottes nicht kontrollierende Macht gelernt haben. Dieser Schritt besagt, dass Gott *nicht* im Alleingang heilen *kann*.

Gott kann das nicht!

Viele Menschen glauben, dass Gott einfach durch seine absolute Macht heilt. Augenblicklich geschieht eine einseitige Heilung. Aber diese Einstellung schafft große Probleme. Tatsächlich ist dies das Haupthindernis, das uns daran hindert zu verstehen, warum wir nicht geheilt werden. Wenn Gott im Alleingang heilen könnte, sollte Gott unsere Probleme auch im Alleingang lösen!

Doch es gibt eine bessere Art zu denken. Wenn wir glauben, dass Gott immer daran arbeitet zu heilen, aber *nicht* im Alleingang heilen *kann*, verstehen wir, warum einige nicht geheilt werden. Göttliche Heilung ist kein einsames, kontrollierendes „So sei es"! Es ist keine übernatürliche Kontrolle. Heilung erfordert *gleichgesinnte Zusammenarbeit**, denn Gott wirkt *immer* gemäß seiner nicht kontrollierenden *Liebe*.

(*Anm. der Übersetzer: Das vom Autor häufig gewählte Wort *cooperation*, drückt für ihn nicht zuerst die Zusammenarbeit auf ein Ziel hin aus, sondern das *kohärente, gleichgesinnte* Zusammenwirken mit Gottes bedingungsloser Liebe; auf Wunsch des Autors wird der dt. Begriff daher hier mehrfach entsprechend ergänzt.)

Wenn wir verstehen, dass Gott nicht im Alleingang heilen kann, lösen wir das Problem der selektiven Wunder. Wenn Gott immer wirkt, um zu heilen, aber niemanden oder nichts kontrollieren kann, ist es nicht Gottes Schuld, wenn wir nicht geheilt werden.

Der Große Heiler entscheidet sich nicht dafür, nur einige zu heilen und andere zu umgehen. Gott schläft weder bei der Arbeit noch wartet er darauf, zu heilen, bis wir ernsthaft oder lange genug gebetet haben. Der Gott der nicht kontrollierenden

Drittes Kapitel: Gott wirkt, um zu heilen

Liebe arbeitet immer daran, jeden zu heilen, aber er kann niemanden durch überwältigende Macht heilen. Gottes Heilungswerk geschieht immer frei von Kontrolle, weil Gott immer liebt und die Liebe nie kontrolliert.

Gott wirkt auf allen Ebenen der Wirklichkeit, von den kleinsten Atomen, Zellen und Organen bis hin zu Tieren, Personen und Gesellschaften. Und Gott sucht Teamarbeit auf jeder Ebene. Aber wenn Geschöpfe nicht mit ihm zusammenwirken oder die Bedingungen nicht passend sind, ist Gottes Heilungswerk begrenzt.

Gleichgesinnte Zusammenarbeit zwischen Schöpfer und Schöpfung bringt jede authentische Heilung und jedes Wunder hervor, das überhaupt möglich ist. Die Geschöpfe müssen kohärent mit Gott zusammenarbeiten, oder die unbelebten Bedingungen der Schöpfung müssen so beschaffen sein, dass Gottes wunderbares Wirken Früchte tragen kann. Wunder sind weder das Werk Gottes allein noch das Werk seiner Schöpfung allein.[21]

Wenn wir erkennen, dass Gott nicht im Alleingang heilen kann, ergeben die Worte Jesu über den Glauben wahrhaft Sinn. Sie weisen auf die Rolle hin, die seine Schöpfung spielen muss. Wenn Jesus sagt: „Euer Glaube hat euch gesund gemacht", sagt er: „Ihr habt mit Gottes heilender Liebe zusammengearbeitet." Und wenn Jesus aufgrund des Unglaubens in Nazareth „keine Wunder tun **konnte**" (Mk 6,5f), so heißt das: Manche Menschen kooperieren *nicht* mit Gottes liebenden Heilungsbestrebungen.

Weil Gott nicht im Alleingang heilen *kann*, vereitelt ein Mangel an gleichgesinnter Zusammenarbeit – oder eine sonstige, ungünstige Bedingung in der Schöpfung – Gottes Werk für unsere Genesung.

GENÜGEND GLAUBEN HABEN

Aber...

und das möchte ich betonen:

Zu sagen, dass Gott Zusammenarbeit benötigt, bedeutet *nicht*, dass jeder, der nicht geheilt wird, nicht mit Gott kooperiert! Lass mich das wiederholen: Zu glauben, Gott brauche das Zusammenwirken mit seinen Geschöpfen oder die richtigen Bedingungen, bedeutet *nicht*, dass jeder der krank oder deprimiert ist, leidet, missbraucht wurde oder stirbt, keinen kooperativen Glauben hat.

Wir sollten nicht all diejenigen, die leiden, krank sind oder Schmerzen haben dafür verantwortlich machen, dass sie nicht geheilt werden.

Natürlich gibt es Ausnahmen. Die Frau, die Gott bittet sie von den nächtlichen Alpträumen zu befreien, die sich aber regelmäßig Horrorfilme ansieht, zeigt nicht den kooperativen Glauben, den Gott braucht. Der Mann, der darum betet, von Leberkomplikationen geheilt zu werden, während er gleichzeitig übermäßig trinkt, zeigt auch keinen kooperativen Glauben. Das Mädchen, das darum betet, dass ihr Hautkrebs geheilt wird, sich aber weiter exzessiv sonnt, zeigt nicht den kooperativen Glauben, den Gott braucht. Wenn wir unseren Körper und unseren Geist ständig schädlich behandeln, bringen wir keinen kooperativen Glauben zum Ausdruck.

Meistens kooperieren Menschen, die um Gottes Heilung bitten, *tatsächlich*. Sie sagen „Ja" zu Gottes Werk. Sie tun, was sie können, um Schaden und Krankheit zu vermeiden. Die meisten Menschen beten mit viel kooperativem Glauben. Dies gilt insbesondere für diejenigen, die mit Traumata zu kämpfen haben. Die Vergangenheit verfolgt sie und sie wollen sie überwinden. Überlebende von Traumata rufen zu Gott und suchen Erlösung, Heilung und Hoffnung. Doch die Erinnerungen verfolgen sie und das Trauma bleibt bestehen. Es ist nicht ihre Schuld.

Also... warum wird nicht jeder geheilt, der treu mit Gott kooperiert?

Um diese Frage zu beantworten, kehren wir zu Schritt zwei zurück: Gott arbeitet an der Seite von Akteuren sowie verschiedenen Faktoren und Ursachen. Bei der Erläuterung dieses Schrittes habe ich meistens Beispiele für förderliche Ursachen genannt. Meistens wies ich auf Menschen hin, die mit Gottes Heilungswerk gleichgesinnt zusammenarbeiten.

Doch einige Ursachen in uns und in unserem Umfeld sind *nicht* positiv. Selbst wenn *wir* mit Gott zusammenarbeiten, versagen andere Menschen dabei. Opfer von Missbrauch, Folter, Vernachlässigung, Vergewaltigung und Schießereien wissen das sehr wohl! Die durch Katastrophen, Krankheiten und genetische Mutationen Geschädigten wissen es ebenso. Außergewöhnliche Unfälle können großen Schaden anrichten. Manchmal behindern Kräfte außerhalb unseres Körpers oder auch Ursachen in unserem Körper die Heilung, die Gott will.

Die Frau, die Gott bittet ihre Depression zu heilen, kann zum Beispiel das unfreiwillige Subjekt einer emotional missbrauchenden Beziehung sein. Ein Senior mit akuter Krankheit betet vielleicht voller Glauben und bittet um Hilfe, trinkt aber

Gott kann das nicht!

unwissentlich von einer Kohlengrube verseuchtes Wasser. Der krebskranke Teenager mag beten, aber seine Krebszellen reagieren möglicherweise nicht auf Gottes direkten Einfluss und die von Ärzten verabreichten Medikamente. Der Junge, der an einer Persönlichkeitsstörung leidet, mag Gottes Heilung suchen, aber das chemische Ungleichgewicht in seinem Gehirn ist eine Barriere, die Gott im Alleingang nicht überwinden kann. Der Taucher, der nach einem Tauchunfall vom Hals abwärts gelähmt ist, kann in seinen Knochen und in seinem Körper Zustände haben, die einer vollständigen Heilung im Wege stehen.

Unsere Moleküle, Zellen, Organe, Knochen und andere körperliche Aspekte besitzen eigenständige Kräfte und Fähigkeiten. Weder Gott noch unser Verstand kontrolliert sie in Eigenregie vollständig. Wenn wir also an Bluthochdruck, chemischen Ungleichgewichten, Virusinfektionen, geschädigten Organen, Tumoren, genetischen Defekte u.a. leiden, kann Gott die fehlerhaften Akteure und Bedingungen, die diese Probleme verursachen, nicht einfach autonom überwältigen.

Negative Ereignisse aus der Vergangenheit wirken sich auch auf die Gegenwart aus. Gott konnte sie nicht kontrollieren, als sie eintraten. Und Gott kann ihre Kraft in der Gegenwart nicht im Alleingang beseitigen. Folglich können sie ein Trauma verursachen.

Faktoren innerhalb oder außerhalb von uns können Gottes Heilungswerk vereiteln.

Vielleicht macht mein Satz „Gott arbeitet, um unter den gegebenen Umständen bis zum Äußersten zu heilen" jetzt Sinn. Gott wirkt immer an der Seite der Menschen und der gesamten Schöpfung, wenn er heilt. „Heilung bis zum Äußersten unter den gegebenen Umständen" kann auch bedeuten, dass seine Schöpfung möglicherweise nicht kooperiert. Unbelebte Dinge und Bedingungen sind vielleicht nicht auf die Heilung ausgerichtet, die Gott will.

All dies bedeutet, dass die Lebensumstände – in unserem Körper und darüber hinaus – Chancen und Herausforderungen für Gottes Heilung bieten. Gott kann sie nicht einfach überwältigen oder umgehen, denn Gott liebt *die ganze* Schöpfung, und diese Liebe ist *nie* kontrollierend.

Doch wenn wir oder andere Geschöpfe gleichgesinnt mit seiner Liebe zusammenarbeiten, und die Bedingungen geeignet sind, kann Gott heilen. Gott sei Dank! Wenn Geschöpfe nicht kooperieren oder wenn die Bedingungen nicht geeignet sind, werden Gottes Heilungsbemühungen vereitelt. Schuld daran ist dann der Zustand der Schöpfung, aber nicht Gott!

Diese Sichtweise hilft auch zu erklären, wie Heilungsgebet funktioniert. Gebet *macht* einen Unterschied in Gottes Heilungswerk! Es *zwingt* Gott natürlich nicht, das zu tun, worum wir ihn bitten. Und unsere Gebete ermöglichen es Gott auch nicht, andere zu kontrollieren. Gott ist kein Verkaufsautomat, der automatisch ein Wunder auslöst, wenn wir eine Gebetsmünze einwerfen. Aber Gebet verändert Umstände in unserem Körper und in unserer Umwelt. Es bietet Gott neue Gelegenheiten zur Heilung. Das Gebet eröffnet neue Möglichkeiten für Gottes Liebe.[22]

MANCHE HEILUNG MUSS WARTEN

Wenn Gott also heilen will, es aber nicht im Alleingang kann, gibt es dann Hoffnung für diejenigen, die sich nicht erholen?

Sind wir Gefangene in unseren manchmal unkooperativen Körpern? Sind wir zu nie endender Unterdrückung durch diejenigen bestimmt, die nicht mit Gott zusammenarbeiten? Sind wir für immer Bedingungen unterworfen, die für Heilung ungeeignet sind? Können diejenigen, die glauben, aber mit einschränkenden Bedingungen, Kräften oder Faktoren konfrontiert sind, *jemals* geheilt *werden*? Gibt es Hoffnung für Überlebende von Traumata?

Ja, zum Glück gibt es Hoffnung!

Der vierte Schritt zur Erklärung von Heilung besagt, dass Gottes nicht beherrschende Liebe selbst über den Tod hinausgeht. Unser Leben geht über das Grab hinaus, weil Gottes liebende Gegenwart uns auch nach dem Tod unserer Körper eine fortdauernde Erfahrung ermöglicht. Es gibt ein zukünftiges Leben, das frei ist von unseren gegenwärtigen Körpern und physischen Bedingungen, die Gottes Heilungswerk widerstehen. Unser Traum, ohne körperliche Schmerzen, Missbrauch durch andere, Traumata und andere Übel zu existieren, kann eines Tages Wirklichkeit werden!

Bitte verstehe mich richtig. Ich berufe mich nicht auf das Leben nach dem Tod als eine „Du-kommst-aus-dem-Gefängnis-frei-Karte". Ich appelliere nicht daran, an mysteriösen, unrealistischen Hoffnungen festzuhalten, wenn die Fragen schwierig werden.

Doch es gibt gute Gründe für die Annahme, dass wir auch nach dem Tod unseres Körpers noch Erfahrungen machen.

Christen finden in der Bibel viele Bilder und Geschichten über das Leben nach dem Tod. Die Auferstehung Jesu ist der wichtigste Beweis dafür, dass wir auch nach dem Tod unseres Körpers weiter existieren. Auch andere Religionen und heilige Texte sprechen von einem Leben nach dem Tod. Selbst im

Drittes Kapitel: Gott wirkt, um zu heilen

polytheistischen Glauben der alten Griechen wurde ein Leben nach dem Tod bejaht.

Wir sollten auf das Zeugnis unzähliger Menschen hören, die Nahtoderfahrungen gemacht haben. Ihre Beschreibungen sind unterschiedlich, aber Zeugen aus verschiedenen Zeiten und Kulturen sprechen von einem anhaltenden Bewusstsein, nachdem ihre Herzen aufgehört haben zu schlagen und ihre Körper für tot erklärt wurden. Einige sprechen davon, die Ereignisse „von oben" zu beobachten, sich zum Licht hin zu bewegen, mit körperlosen Menschen zu interagieren und so weiter.

Wenn du faszinierende Zeugnisse hören willst, die die Realität des Lebens nach dem Tod unterstützen, verbringe ein paar Tage mit erfahrenen Bestattungsunternehmern. Die Geschichten, die sie erzählen und die Dinge, die sie gesehen haben, lassen sich nicht so leicht von der Hand weisen. Ausgehend von ihren umfangreichen Erlebnissen vermuten viele Bestatter, dass das Leben in gewisser Weise über den Tod hinaus weitergeht.

Oder verbringe Zeit im Gespräch mit Menschen, die lange meditieren. Einige Praktiken erzeugen außergewöhnliche, außerkörperliche Erfahrungen. Andere Personen berichten, dass sie ihren Körper verlassen haben und dann zurückkehrten. In diesen Berichten geht es nicht speziell um das Leben nach dem Tod, aber sie bieten Belege dafür, dass wir auch außerhalb unseres Körpers ein Bewusstsein behalten, das Erfahrungen machen kann.

Natürlich *beweist* keine dieser Quellen ein Leben nach dem Tod, geschweige denn, dass Einzelheiten geklärt werden könnten. Solche Beweise wird es nie geben. Aber aus verschiedenen

Quellen und Zeugenaussagen können wir plausible Ansichten über das Leben jenseits des Grabes gewinnen.

JEDER KÖRPER VERGEHT

Die Bibel bietet verschiedene Ansichten darüber, was nach unserem Tod geschieht. Zwei dominieren: die erste besagt, dass wir unsere subjektiven Erfahrungen als Seele oder Geist fortsetzen. In diesem fortwährenden Bewusstsein stehen wir mit Gott und anderen in körperlosen Seinszuständen in Beziehung. In dieser geistigen Existenz erfahren wir ein Bewusstsein, das in Beziehung zu unserer Vergangenheit, zu anderen und zu Gott steht.

Die zweite Sichtweise sagt aus, dass wir nach unserem Tod spirituelle „Körper" annehmen. Diese Körper sind keine exakten Duplikate der gegenwärtigen Körper. Wir besitzen dann keine physischen Zellen, Neuronen, Muskeln, Haare usw. Die Unterschiede zwischen materiellen Körpern und spirituellen Körpern sind wahrscheinlich groß, aber es kann Ähnlichkeiten geben.

In beiden Ansichten über das Leben nach dem Tod finden wir sowohl Kontinuität mit der Gegenwart als auch Diskontinuität. Beide sind der Überzeugung, dass wir auch weiterhin Erfahrungen machen werden, und dass unsere gegenwärtigen Körper sterben und zerfallen. Und beide Sichtweisen gehen davon aus, dass Gottes liebende Gegenwart uns im Jenseits erhält.

Es ist mir unbegreiflich, wie das Leben nach dem Tod *genau* aussieht. Niemand von uns weiß es, aber es gibt gute Gründe zu glauben, dass es besser sein kann als die Gegenwart. Diejenigen, die gelitten haben, missbraucht wurden, gegen Krankheiten gekämpft haben, deren Leben auf tragische Weise beendet wurde, oder die große Schmerzen erlitten haben, werden auf eine neue Art und Weise existieren. Ihr gegenwärtiger Körper wird nicht mehr sein.

Das Alte wird vergehen, und das Neue wird kommen.

Es ist wichtig, sich daran zu erinnern, dass jeder – ob in diesem Leben geheilt oder nicht – irgendwann stirbt. Kein Geschöpf lebt in seiner gegenwärtigen Form weiter. Und diejenigen, die von einem Leiden geheilt werden, sterben oft an einem anderen. Jede körperliche Heilung ist vorübergehend.

Jeder stirbt, weil jeder *Körper* stirbt.

Als jemand, der bei denen an der Schwelle des Todes gesessen hat, kann ich bezeugen, dass die meisten Menschen sehnsüchtig darauf warten, von körperlichen Schmerzen befreit zu werden. Andere freuen sich darauf, sich von schädlichen Beziehungen in diesem Leben zu befreien und positive Beziehungen zu bereits Verstorbenen zu erneuern. Die Sterbenden mögen unter physischer Gewalt, emotionalem Missbrauch oder unterdrückenden Sozialsystemen gelitten haben. Viele freuen sich darauf, auf der anderen Seite weiter zu leben.

Ich werde nie vergessen, wie meine Freundin Lois mir sagte, sie sei glücklich, „nach Hause" zu gehen. Andere hatten sich fast ein Jahrzehnt lang um Lois gekümmert. Ihr Körper war am Ende, ihre Familie und Freunde waren voller Sorge und Trauer. In ihrem Geist wusste sie, dass es an der Zeit war, ihren Körper zu verlassen und, wie sie es ausdrückte: „zu gehen, um bei Jesus zu sein."

Unabhängig davon, ob die sterbenden Menschen leicht oder stark leiden, erwarten viele die volle Gesundheit, die Gott nach dem Abstreifen dieser sterblichen Hülle bietet. Gott wirkt, um jetzt zu heilen, aber manche Heilung muss bis zum Leben nach dem Tod warten.

WIE KLAPPT DAS BEI DIR?

Debbie hat um Heilung gebetet, aber es hat nicht geklappt. Sie fragt sich nicht nur, ob Gott heilt, sie fragt sich manchmal auch, ob Gott überhaupt existiert.

Als Kind betete Debbie und glaubte, Gott könne alles tun. Als Teenager kam ihre wissenschaftliche Seite zum Vorschein. Sie dokumentierte ihre Gebete für Heilung und notierte, ob es den Menschen danach besser ging. Ihre Gebetserfolgsrate lag im einstelligen Bereich.

In den vergangenen sechs Jahren hat Debbie vier Fehlgeburten erlitten. Nach der ersten konsultierte sie fleißig Ärzte, aß das richtige Essen und warf alles weg, was zukünftige Schwangerschaften gefährden könnte. Aber ihre Bemühungen waren vergeblich.

Der emotionale und spirituelle Schmerz, den jede Fehlgeburt mit sich bringt, ist sehr groß. Während ihrer letzten Schwangerschaft hat Debbie gebetet: „Gott, beschütze mein Baby und mich. Heile alles, was diese Fehlgeburten verursacht!"

Freunde in der Kirche hatten Erklärungen für ihre Schwierigkeiten: „Das ist Teil von Gottes Plan für ihr Leben", sagten einige. Oder: „Was geschehen ist, wird sie ihre Kinder noch mehr schätzen lassen, wenn sie erstmal welche hat." Und: „Gott arbeitet an ihrem Charakter..."

Debbie und ihr Ehemann Dana haben vor einem Jahr mit der Therapie begonnen. Um die Therapie in Gang zu bringen, listete Debbie ihre Fragen auf:

Drittes Kapitel: Gott wirkt, um zu heilen

- *Gibt es Gott?*
- *Wenn ja, heilt Gott* überhaupt?
- *Wenn Gott heilt, warum habe ich dann Fehlgeburten?*
- *Wenn Gott nicht heilt, warum sollten dann die Bibel und so viele Menschen Anspruch auf Heilung erheben?*

„Nur wenige Menschen nehmen deine Zweifel ernst", sagte ihr Seelsorger als Antwort auf Debbies Liste. „Es ist schön, mit Menschen zusammen zu sein, die bereit sind, große Fragen zu stellen!"

Nach mehreren Sitzungen stellte der Seelsorger eine Frage, die Debbie nie in Erwägung gezogen hatte: „Was ist, wenn Gott heilen will, es aber *nicht kann*?"

„Gott kann es nicht?", fragte Debbie. Sie hatte nie die Möglichkeit in Betracht gezogen, dass Gott „unfähig" ist, etwas zu tun. Debbie glaubt an den freien Willen, dachte aber, Gott könne alles in Ordnung bringen.

„Was wäre, wenn zusätzlich zum freien Willen", so der Seelsorger, „verschiedene Faktoren in unserem Leben – biologische, ökologische, soziale oder sogar auf der Quantenebene – manchmal zur Heilung förderlich sind, manchmal aber auch nicht?"

„Würde ein liebender Gott diese Dinge nicht manipulieren?" fragte Debbie. „Ich meine, wenn Gott wirklich liebt, würde er dann nicht eingreifen oder die Dinge in der Welt richtig ordnen? Ich möchte glauben, dass Gott heilen *kann*, wann immer er will."

„Wie funktioniert dieser Glaube für dich?", fragte der Seelsorger.

„Nicht sehr gut", gab Debbie zu.

Gott kann das nicht!

„Wenn du glaubst, dass dir ein liebender Gott deine Freiheit nicht wegnehmen würde", fuhr der Seelsorger fort, „ist es nur ein kleiner Schritt zu glauben, dass Gott *andere* Faktoren in deinem Körper und Leben nicht kontrollieren kann."

„Gott tut also nichts?", fragte Dana. „Schaut er uns nur aus dem Weltall zu?"

„Vielleicht", erwog der Seelsorger. „Aber das erklärt noch nicht die Heilungen, die *tatsächlich* stattfinden. Es erklärt nicht das Gefühl, das wir manchmal von Gottes Gegenwart in unserem Leben haben, unseren Sinn für richtig und falsch, für Güte, Schönheit, Wahrheit und mehr."

„Anstatt zu glauben, dass Gott unbeteiligt ist", fuhr er fort, „sollten wir vielleicht glauben, dass Gott immer lenkt, aber nie dominiert, immer beeinflusst, aber nicht manipuliert."

Debbie dachte über ihr Gespräch nach. Die neuen Ansätze wirkten auf mehreren Ebenen. Wenn Gott die für die Heilung notwendigen Faktoren nicht kontrollieren kann, wären ihre Fehlgeburten nicht Gottes Schuld. Weder sie noch Gott können ihren Körper vollständig kontrollieren.

Letzte Woche fragte Dana Debbie: „Fühlst du dich wohl bei dem Gedanken, dass Gott das Beste tut, was er kann, aber deine Gebete nicht immer beantworten kann?"

Debbie dachte einen Moment lang nach. „Ja, ich würde lieber glauben, dass Gott nicht immer heilen kann", antwortete sie, „als zu glauben, dass Gott heilen könnte, es aber nicht tut!"

„Macht dich das nicht wütend?" fragte Dana. „Was ist mit deinen Fehlgeburten? Versuchst du, sie zu vergessen?"

„Ich bin immer noch traurig", antwortete Debbie. „Und vielleicht wird es immer wehtun. Ich hoffe nicht. Aber ich gebe nicht Gott die Schuld; und ich gebe nicht mir selbst die Schuld."

MYTHEN UND REALITÄTEN

Wir haben nun vier Glaubensschritte entdeckt, die eine Erklärung ermöglichen, warum manche Menschen Heilung finden und andere nicht. Zum Schluss möchte ich einige Mythen und Realitäten über Heilung erwähnen, die damit eng verbunden sind. Zu erkennen, wann wir es mit einem Mythos zu tun haben, hilft uns, Hindernisse zu überwinden um das Geschehen der Heilung verstehen zu können. Das Erkennen von Realitäten hilft uns, unser Denken und Leben zu erneuern.
Hier sind fünfzehn Mythen und Realitäten zur Heilung aus diesem Kapitel:

1. **Mythos:** Gott heilte vor langer Zeit, aber heute nicht mehr.
Realität: Gott wirkt immer, um zu heilen; das war in der Vergangenheit so und ist auch in der Gegenwart bleibende Wahrheit.

2. **Mythos**: Gott heilt vielleicht erst, wenn wir ihn flehentlich darum bitten oder unseren Glauben „vergrößern".
Realität: Gott wirkt bereits, um zu heilen, bevor wir ihn überhaupt darum bitten.

3. **Mythos**: Um zu heilen, muss Gott auf „übernatürliche" Weise in unser Leben eingreifen.
Realität: Gott ist immer schon gegenwärtig und braucht nicht erst in unser Leben oder unsere Umstände „hineinzukommen".

4. **Mythos:** Wir sollten den Gebeten, in denen Gott um Heilung gebeten wird, hinzufügen: „Wenn es dein Wille ist".
Realität: Es ist *immer* Gottes Wille zu heilen, daher ist dieser Zusatz unnötig.

5. **Mythos:** Unser Schmerz, unser Leiden und unser Missbrauch sind Teil von Gottes vorherbestimmtem Plan.
Realität: Gottes Plan beinhaltet niemals, Böses zu verursachen oder zuzulassen.

6. **Mythos:** Gott liebt nur manchmal und ist nur an einigen Orten gegenwärtig.
Realität: Gott liebt immer alle Menschen und ist immer anwesend, um zu heilen.

7. **Mythos:** Gott ist die einzige, einflussnehmende Ursache für Heilung.
Realität: Die einflussnehmenden Ursachen der Schöpfung und Geschöpfe – ob klein oder groß – spielen bei der Heilung ebenso eine Rolle.

8. **Mythos:** Gott kann im Alleingang heilen.
Realität: Gott kann *nicht* im Alleingang heilen, denn das würde voraussetzen, dass Gott auf Geschöpfe oder die Schöpfung erzwingende Macht ausübt. Gottes Liebe ist aber von Natur aus nicht kontrollierend.

9. **Mythos:** Es gibt natürliche Heilung, Heilung durch Ärzte und göttliche Heilung.

Realität: *Jede* Heilung hat ihre Ursache in Gott *und* der Kooperation seiner Schöpfung.

10. **Mythos:** Gott wählt aus, wen er heilt und wen er leiden lässt.
    Realität: Gott will *jeden* heilen, aber geschöpfliche Bedingungen oder mangelnde gleichgesinnte Zusammenarbeit vereiteln Gottes Bemühungen.

11. **Mythos:** Diejenigen, die nicht geheilt wurden, hatten nicht genug Glauben.
    Realität: Diejenigen, die nicht geheilt werden, haben oft viel Glauben, aber ihr Körper oder andere inkohärente Faktoren verhindern eine Heilung.

12. **Mythos:** Gott kontrolliert sowohl Zellen, Organismen und Organe in unserem Körper als auch globale Umweltbedingungen.
    Realität: Gott drückt sich in der ganzen Schöpfung – ob „klein" oder „groß" – durch seine nicht kontrollierende Liebe aus.

13. **Mythos:** Unsere Gebete für Heilung machen keinen Unterschied.
    Realität: Unsere Gebete verändern Umstände und schaffen Möglichkeiten für Gottes Heilung.

14. **Mythos:** Es gibt keine Hoffnung für diejenigen, deren Heilung durch momentane Akteure, Faktoren und Umstände vereitelt wird.

Realität: Es gibt immer Hoffnung, aber manche Heilung muss bis nach dem Tod unseres Körpers warten.

15. **Mythos:** Gott heilt nur im Himmel.
Realität: Gott wirkt, um in *diesem* Leben zu heilen. Wenn wir, unser Körper oder andere Menschen mit Gott gleichgesinnt kooperieren und die Bedingungen passend sind, können wir jetzt Heilung erleben.

GLAUBENSÜBERZEUGUNG NR. 3 – GOTT WIRKT, UM ZU HEILEN

Der dritte Gedanke, über den ich dich zum Nachdenken einlade, ist der, dass Gott immer wirkt, um zu heilen. Dein Leiden war nicht Gottes Wille. Gott hat es weder verursacht noch erlaubt. Gott ist ein Heiler, der daran arbeitet, deine Gebrochenheit zu heilen.

Die Heilung kann jetzt beginnen. Wir und andere Kräfte in der Schöpfung spielen allerdings auch eine Rolle bei der Heilung, die Gott will. Manchmal geschieht Heilung in diesem Leben. Aber manchmal hindern uns Faktoren und Umstände, die sich unserer Kontrolle entziehen, daran, die von Gott gewünschte Heilung zu erfahren. Manche Heilung muss daher bis zum Leben nach dem Tod warten.

Wir haben bis jetzt drei Grundideen angesprochen, die wir benötigen, um unserem Leben angesichts des Leidens und des Bösen einen Sinn zu geben. Aber wir haben uns noch nicht mit der Wahrheit befasst, dass manchmal Gutes aus Bösem entsteht. Deshalb wenden wir uns im nächsten Kapitel dem vierten radikalen Gedanken zu, den wir uns zu eigen machen sollten.

Fragen

1. Welche guten Argumente haben nach deiner Erfahrung die Verneiner göttlicher Heilung?

2. Welche guten Argumente haben die „wahren" Gläubigen der Heilung?

3. Warum könnten Menschen geneigt sein, beim Beten um Heilung zu sagen: „Wenn es Dein Wille ist"?

4. Warum könnten Menschen der Aussage, dass Gott beim Heilen *immer* an der Seite seiner Schöpfung wirkt, zustimmen oder sie ablehnen?

5. Was steht scheinbar „auf dem Spiel", wenn man glaubt, dass Gott nicht im Alleingang heilen kann?

6. Warum ist es wichtig zu glauben, dass Gott unsere Zellen und andere Körperteile nicht autonom kontrollieren kann?

7. Welche Bedeutung hat das Leben nach dem Tod für unser Verständnis von Heilung?

VIERTES KAPITEL

Gott holt das Gute aus dem Schlechten

Die Geschichte von Joni Eareckson Tada ist inspirierend. Es ist eine Geschichte von Schönheit, die aus einer Tragödie entsteht.

Als 18-Jährige sprang Joni in der Chesapeake Bay in zu seichtes Wasser. Nach dieser Fehleinschätzung war sie von den Schultern abwärts gelähmt. Sie würde ihre Arme und Beine nie wieder selbst bewegen können.

In den folgenden Jahren nutzte Joni ihre begrenzten Möglichkeiten auf erstaunliche Weise. Sie schrieb eine Bestseller-Autobiografie, lernte, beeindruckende Bilder mit dem Mund zu malen und erlangte Ruhm als inspirierende Rednerin. Bis Ende der sechziger Jahre hatte Joni mehr als 40 Bücher geschrieben, in Filmen mitgewirkt und Musikalben aufgenommen. Sie gründete eine Organisation zur Unterstützung der Gemeinschaft von Menschen mit besonderen Bedürfnissen mit dem Namen *Joni and Friends International Disability*

Center. Akademische Institutionen verliehen ihr akademische Grade, um ihr Leben und Werk zu ehren.

Jonis Geschichte von Tragödie und Inspiration wirft eine heikle Frage auf. Sie wurde durch die Jahrtausende hindurch gestellt, und Überlebende stellen sie auch heute. Man könnte sie so ausdrücken:

Wenn Gutes aus dem Leiden hervorkommt, und Gott das will, was gut ist: Ist dann das Leiden Gottes Wille?

ERLAUBT GOTT, WAS ER HASST UND BESTRAFT DIE, DIE ER LIEBT?

Joni glaubt, dass ihre Verletzungen Teil von Gottes Plan sind. Aus ihrer Sicht verursacht Gott aus irgendeinem Grund Leiden oder lässt es zu. Alle Ereignisse – gute und böse – sind in Gottes Bauplan für das Leben vorskizziert. So erklärt Joni diese Perspektive fünfzig Jahre nach ihrem Unfall:

> *Ein halbes Jahrhundert der Lähmung hat mir auch gezeigt, wie hoch der kosmische Anteil wirklich ist. Immer wenn ich in meiner Gefangenschaft zapple, kann ich fast hören, wie Satan Gott verspottet – wie er es mit Hiob getan hat – „Seht sie an, seht ihr? Sie vertraut dir nicht wirklich. Teste sie mit mehr Schmerz, und du wirst ihr wahres Gesicht sehen!"*
>
> *Damals in den 70er Jahren teilte mir mein Bibelstudienfreund Steve Estes elf kleine Worte mit, die die Weichen für mein Leben stellten: „Gott erlaubt, was er hasst, um zu erreichen was er liebt… Gott lässt alle möglichen Dinge zu, die er nicht gutheißt. Gott hasste die Folter, die Ungerechtigkeit und den Verrat, die zur Kreuzigung führten. Dennoch ließ er es zu, damit der schlimmste Mord der Welt zur einzigen*

Viertes Kapitel: Gott holt das Gute aus dem Schlechten

Rettung der Welt werden konnte. In gleicher Weise hasst Gott Rückenmarksverletzungen, doch er ließ sie um Christi willen in dir zu – wie auch in anderen." [23]

Nach Jonis Ansicht lässt Gott zu, dass das Böse uns auf die Probe stellt. Gott hasst Folter, Ungerechtigkeit und Verrat, aber er lässt sie aus irgendeinem Grund zu. Gott erlaubte ihre Lähmung mit Blick auf irgendetwas zukünftig Gutes.

Joni geht noch weiter. Sie glaubt, dass Gott durch Verletzungen, Missbrauch und Schaden straft. Ihrer Ansicht nach, bestrafte Gott ihre Sünde mit lebenslanger Lähmung. Joni drückt es so aus:

Oft, wenn ich mein Zeugnis weitergebe, denke ich darüber nach, wie weit ich als Christ vor meinem Unfall vom Weg abgekommen war. „Weißt du", sagte ich kürzlich, „ich war in einige ziemlich unmoralische Dinge verwickelt, als ich auf den Beinen war. Obwohl ich Christ war, habe ich schwer gesündigt und einen falschen Weg eingeschlagen. Tief in meinem Herzen weiß ich, dass ich, wenn mein Unfall nicht passiert wäre, meine Überzeugungen im College völlig ignoriert hätte."

Jemand, der mir zuhörte, fragte mich: „Joni, willst du damit sagen, dass Gott dich mit einem gebrochenen Genick bestraft hat?"

Das war eine gute Frage. Ich dachte an Hebräer 12,6: „Der Herr züchtigt die, die er liebt, und er straft jeden, den er als Sohn annimmt." Und ich musste dieser Person direkt in die Augen schauen und sagen: „Ja, ich glaube, Gott hat mich bestraft, weil ich Unrecht getan habe." [24]

Nach der Ansicht von Joni lässt Gott zu, was er hasst, und er übt Vergeltungsstrafe an denen, die er liebt. Denk einmal einen Moment darüber nach: Gott lässt also zu, was er verachtet und verletzt diejenigen, die er liebt? Macht das Sinn?

DAS GUTE, DAS DEM BÖSEN FOLGT

In den vorangegangenen drei Kapiteln haben wir uns mit Gedanken befasst, die uns helfen, unser Denken und Leben wiederherzustellen zu lassen. Wenn diese Gedanken wahr sind, sind wir nicht verpflichtet zu glauben, dass Gott zulässt, was er hasst. Wir brauchen nicht – wie Joni – glauben, dass Gott die vergeltend straft, die er liebt. Gott lähmt Menschen nicht für ihren Ungehorsam.

Obwohl wir Jonis Leben schätzen und bewundern können, müssen wir nicht mit ihrer Sicht über Gott übereinstimmen. Es macht mehr Sinn zu glauben, dass Gott Jonis Badeunfall nicht im Alleingang verhindern konnte. Gott ist nicht schuld, denn Gott tut nichts Böses – er konnte es hier vielmehr nicht aufhalten. Abba liebt beständig und schadet nie.

Anstatt Tragödien zu inszenieren, leidet Gott mit den Opfern. Der, der uns alle liebt, spürt jeden Schmerz in Jonis Körper und Seele, und Gott spürt auch unser Leiden. Der „Gott allen Trostes" (2Kor 1,3) ist der Leidensgenosse, der Kummer, Verletzung und Misshandlung versteht. Gott schikaniert nicht; Gott fühlt mit.

Gott wirkt auch um zu heilen. Immer. Gott arbeitet an der Seite komplexer Geschöpfe und einfacherer Organismen unter den Bedingungen ihrer Existenz, um so weit wie möglich zu heilen. Manchmal kooperieren Geschöpfe nicht oder die

Viertes Kapitel: Gott holt das Gute aus dem Schlechten

Bedingungen sind nicht passend. Etwas im Zusammenhang mit Jonis Rückenmarksverletzung stellt offensichtlich ein Hindernis für Gottes Heilung dar. Einige Heilungen müssen ggf. bis nach dem Tod warten, aber Gott beginnt immer *jetzt* mit dem Versuch, die Zerbrochenen und Zerschlagenen zu heilen.

Die Geschichte von Joni wirft die Frage auf, die ich bereits erwähnt habe. Lass es mich hier ein wenig anders formulieren: Wenn gute Dinge nach – oder aufgrund von – Tragödien und Missbrauch geschehen... will Gott dann Tragödien und Missbrauch als Teil eines „Masterplans"?

Die Auswirkungen von Jonis Erfahrungen für das Gute sind unverkennbar. Wäre sie nicht querschnittsgelähmt, hätte sie vielleicht nicht so viele Bücher geschrieben, gelernt, mit dem Mund zu malen, so viele Menschen inspiriert oder eine Stiftung gegründet, die Menschen mit Behinderungen hilft. In den fünfzig Jahren seit ihrem Unfall in der Chesapeake Bay ist ungeheuer viel Gutes entstanden.

Auch Jonis Charakter hat sich auf positive Weise entwickelt. Sie ist eine erstaunliche Person! Hätte sie sich nicht den Herausforderungen ihrer Lähmung gestellt, hätte sie vielleicht nicht so eine geduldige, sanftmütige und hoffungsvolle Ausstrahlung. Wahrscheinlich wäre sie Menschen mit Behinderungen weniger mitfühlend begegnet. Joni ist heute ein tugendhafter Mensch, weil sie positiv auf ihren lebensverändernden Unfall reagiert hat.

Angesichts ihres positiven Einflusses und ihres tugendhaften Charakters ist es nicht überraschend, dass Joni glaubt, Gott habe ihre Lähmung gewollt. Aber können wir uns auch über das Gute freuen, das manchmal aus Bösem entsteht, ohne direkt zu folgern, dass Gott das Böse willentlich zugelassen hat?

Können wir Jonis Leben würdigen, ohne zu denken, dass Gott das Böse zulässt?

In diesem Kapitel möchte ich deutlich machen, dass es keinen Sinn macht anzunehmen, dass Gott das Böse hasst und es gleichzeitig zulässt. Und ich bin auch der Überzeugung, dass ein guter Gott keine Vergeltungsstrafe übt. Dies veranlasst mich, den vierten Gedanken zu formulieren, den wir in Betracht ziehen sollten, um wieder an Gott und seine Liebe zu glauben.

Um dem Leben von Joni – und vielen anderen – einen Sinn zu geben, brauchen wir eine vierte Überzeugung. Diese besagt, dass Gott Gutes aus Bösem hervorbringt – wobei Gott das Böse aber *niemals* wollte. Um Wiederherstellung zu erleben, können wir darauf vertrauen, dass Gott immer bestrebt ist, in Kohärenz mit seiner Schöpfung wahrhaft Gutes aus allen Umständen entstehen zu lassen.

DU HAST MIR WEHGETAN, ABER...

Diejenigen, die glauben, dass Gott Böses verursacht oder zulässt, verweisen oft auf eine alte Erzählung, um ihre Ansicht zu untermauern. Es ist die biblische Begebenheit über das Leben Josephs.

Joseph war der zweitjüngste von zwölf Brüdern und der Liebling seines Vaters. Eines Tages erzählte er seinen Brüdern von seinen Träumen. Diese Träume schienen zu bedeuten, dass sich Josephs ältere Brüder in der Zukunft vor ihm verbeugen würden. Die Brüder wurden wütend, und sie hätten ihn fast getötet! Doch stattdessen verkauften sie Joseph als Sklaven nach Ägypten.

Josephs Leben als Sklave nahm eine Reihe von Windungen und Wendungen. Später im Leben fand er Gefallen beim ägyptischen Pharao. Joseph wurde gebeten, die Lebensmittelverteilung für das gesamte Reich zu verwalten. Als eine Hungersnot eintrat, verteilte er Lebensmittel, die er zuvor weise gelagert hatte. Hungernde Menschen kamen und baten um Hilfe.

Schließlich reisten Josephs Brüder auf der Suche nach Nahrung nach Ägypten. Es war Jahrzehnte her, dass sie ihn in die Sklaverei verkauft hatten, deshalb erkannten sie Joseph nicht wieder, als sie sich trafen. Als ihnen klar wurde wer er war, befürchteten sie, dass Joseph ihnen all das Unrecht, was sie ihm angetan hatten, heimzahlen könnte.

Doch Joseph hat sich nicht gerächt. Er antwortete seinen Brüdern mit Worten, die jetzt vielen bekannt sind: „Ihr wolltet mir Schaden zufügen, aber Gott wollte es zum Guten nutzen, um das zu erreichen, was jetzt getan wird, nämlich die Rettung vieler Leben" (Gen 50,20).

Was bedeutet das? Sagt Joseph, dass Gott wollte, dass er in die Sklaverei verkauft wurde? War es Gottes Plan, eine schwere Hungersnot zu senden, um viele zu töten und Josephs Familie auszuhungern? Orchestriert Gott das Böse?

Manche Gelehrten übersetzen das hebräische Wort in Josephs Aussage mit „beabsichtigt", aber es hat andere Bedeutungen. Leider kann „beabsichtigt" den falschen Eindruck erwecken, Josephs ganzes Leben sei vororchestriert gewesen. Es kann dazu führen, dass man denkt, Gott habe Sklaverei und massenhaften Hungertod vorherbestimmt, verursacht oder zugelassen, um etwas Gutes zu bewirken.

Eine bessere Übersetzung dieser Passage überwindet dieses Missverständnis. Diese Übersetzung unterstützt die Ansicht, dass Josefs Brüder wollten, dass er leidet, aber sie impliziert nicht, dass sein Leiden Gottes Wille war. Diese Übersetzung besagt, dass Gott das Böse *benutzt*, um Gutes zu bewirken.

„Ihr wolltet mir schaden, aber Gott *hat es zum Guten benutzt*", sagte Josef zu seinen Brüdern.

Gott nutze das, was er niemals wollte und brachte Gutes daraus hervor. Gott brachte Gutes aus Bösem, Positives aus Negativem, Gesundheit aus Hass. Gott erlöste.

Joseph spielte natürlich eine entscheidende Rolle in Gottes Werk, Gutes aus Bösem hervorzubringen. Doch Gott hatte die Situationen nicht diktiert oder die Beteiligten kontrolliert. Der liebende Herr des Universums bestimmt all das nicht im Voraus, sondern arbeitet für das Bestmögliche, angesichts der Umstände und der beteiligten Akteure.

Gott wirkt, um dem Unrecht Wohlergehen abzugewinnen.

NICHT ALLES GESCHIEHT AUS EINEM GRUND

Die Behauptung, Gott habe Josephs Schaden „beabsichtigt", passt zu einem Spruch, den Überlebende oft hören: „Alles geschieht aus einem Grund." Diejenigen, die das sagen, behaupten normalerweise nicht, alles zu durchschauen. Sie meinen aber auf irgendeine geheimnisvolle Weise, dass Gott jedes Ereignis – gut und schlecht – als Teil eines vorherbestimmten Schemas orchestriert. Obwohl die Überlebenden nicht wissen können, warum sie misshandelt wurden, so diese Ansicht, kann man ihnen versichern, dass „alles aus einem (guten) Grund geschieht."

Mit anderen Worten: Gott verursacht oder erlaubt Missbrauch, Leiden und Tragödien für irgendeinen höheren Zweck.

Kate Bowler weist diese Ansicht in ihrem Buch *Everything Happens for a Reason... and Other Lies I've Loved* zurück

Viertes Kapitel: Gott holt das Gute aus dem Schlechten

(Übers.: Alles passiert aus einem Grund... und andere Lügen, die ich geliebt habe). Ärzte diagnostizierten bei Kate Darmkrebs, aber sie glaubt nicht, dass Gott ihre Krankheit zu irgendeinem Zweck geplant hat. Es ist eine Lüge, sagt sie, dass Gott Böses für ein höheres Gut zulässt.

Kate ist eine Religionswissenschaftlerin, die das sogenannte „Wohlstandsevangelium" studiert. Menschen, die dieser Lehre Glauben schenken, verkünden oft, wie sie es ausdrückt: „Gott wird dir all deine Herzenswünsche erfüllen: Geld auf der Bank, einen gesunden Körper, eine blühende Familie und grenzenloses Glück." Befürworter dieser Lehre geben dabei den Kranken und Sterbenden direkt oder indirekt die Schuld für mangelnden Glauben.

Kate begann schon lange vor ihrer Krebserkrankung am Wohlstandsevangelium zu zweifeln. Aber sie gibt zu, dass sie in Versuchung geführt wurde. Sie wollte glauben, dass, wie sie es ausdrückt, „Gott einen würdigen Plan für mein Leben hatte, in dem jeder Rückschlag auch ein Schritt nach vorn sein würde." Vor ihrer Krebserkrankung glaubte Kate, „dass Gott einfach einen Weg durchsetzen würde." Das glaubt sie nicht mehr.[25]

Christen geben viele Erklärungen für Kates Krebs. „Die meisten wollen, dass ich ohne jeden Zweifel weiß, dass in diesem scheinbaren Chaos eine verborgene Logik steckt", sagt sie. „Ein Nachbar kam an die Tür und sagte meinem Mann, dass alles aus einem bestimmten Grund geschieht."

Einige sagten ihr, ihr Krebs sei Gottes Plan, aber diese Erklärung beruht auf einem Zirkelschluss. „Wenn du Menschen inspirierst, während du stirbst, war der Plan für dein Leben, dass du ein Beispiel für andere sein würdest", sagt Kate. „Und wenn du das nicht tust und tretend und schreiend stirbst, war der

Plan, dass du einige wichtige göttliche Lektionen entdeckst." Mit anderen Worten: „Alles geschieht aus einem Grund" bedeutet in Wirklichkeit: „Selbst das Böse ist Gottes Wille!"

Die meisten, die Ratschläge an Kate geschickt haben, passen in eine von drei Kategorien. Die „Minimierer" sagten ihr, sie solle sich nicht so sehr über ihre Krankheit ärgern; sie sei nur auf der Durchreise, auf dem Weg ins Jenseits. Mir gefällt Kates Antwort: „Viele Christen erinnern mich daran, dass der Himmel doch meine wahre Heimat ist; weshalb ich sie dann natürlich frage, ob ich ihnen vielleicht den Vortritt lassen darf, wenn sie so gerne ‚nach Hause' gehen. Vielleicht sofort?!"

Kate nennt die zweite Gruppe von Ratgebern die „Lehrer". Sie glauben, dass Gott Böses verursacht oder zulässt, um uns Lektionen zu erteilen. Einer schrieb: „Dies ist der ultimative Test des Glaubens für dich", und er riet Kate, Geduld zu lernen. „Manchmal möchte ich, dass alle Besserwisser mir eine Nachricht schicken, wenn *sie* dem schrecklichen Gespenst des Todes gegenüberstehen", erwidert sie, „und ich schicke ihnen dann ein Katzenposter mit der Aufschrift ‚HALTE DURCH'!"

In der dritten Gruppe der Ratgeber sind die „Lösungsanbieter". Diese Leute sind, wie Kate sagt, „schon ein wenig enttäuscht, dass ich mich nicht selbst rette." Sie glauben, dass Gott einen immer mit Gesundheit, Reichtum und Glück belohnt. Einer schrieb: „Einfach weiter lächeln! Deine Einstellung bestimmt dein Schicksal!" [26]

Minimierer, Lehrer und Lösungsanbieter sind Menschen mit guten Absichten. Aber ihre Antworten können weder helfen noch trösten. Die Suche nach Antworten ist nicht falsch; wir besitzen die Weisheit, große Fragen zu stellen. Aber die meisten Antworten fallen sehr oberflächlich aus.

Viertes Kapitel: Gott holt das Gute aus dem Schlechten

Zu glauben, dass alles aus einem (göttlich verordneten) Grund geschieht, macht keinen Sinn.

DANKBAR SEIN *FÜR* DAS BÖSE?

Sowohl die Wissenschaft als auch die Religion teilen uns mit, dass wir dankbar sein sollen. Die Aussage der Positiven Psychologie ist, dass dankbare Menschen im Durchschnitt physisch und psychisch gesünder sind. Auch die Bibel vermittelt uns, dass wir Gott danken sollten. Dankbarkeit ist ohne Frage sehr bedeutend für uns und andere.

Aber sollten die Überlebenden *für* ihr Leiden dankbar sein?

Der Apostel Paulus rät seinen Lesern, „in allen Umständen zu danken" (1Thess 5,18) und „Gott, dem Vater, allezeit für alles zu danken" (Eph 5,20). Beachte diese zwei kleinen Wörter „in" und „für" in diesen Zitaten. Gibt es einen Unterschied *„in* allem" oder „*für* alles" zu danken?

Wenn Gott Böses verursacht oder zulässt, gibt es keinen Unterschied zwischen „in" und „für". Wenn Gott die Macht hat, uns zu kontrollieren, sollten wir Gott *für* unseren Schmerz danken, denn Gott ist letztlich dafür verantwortlich, hat ihn selbst verursacht oder zugelassen. Unser Leiden war direkt oder indirekt von Gott gewollt.

Aber sollten wir Gott *wirklich* für Folter, Vergewaltigung und Völkermord danken? Das scheint nicht richtig zu sein. Müssen wir für die unnötigen Schmerzen, die wir erlitten haben, dankbar sein? Sogar dankbar für den Schmerz, den wir anderen zugefügt haben?

Das glaube ich nicht.

Wenn Gott Böses nicht will, verursacht oder zulässt, sollten wir uns nicht verpflichtet fühlen, Gott dafür zu danken. Das

Gott kann das nicht!

Böse ist nicht Teil einer göttlichen Verschwörung. Um Dankbarkeit zu empfinden, müssen wir vielmehr glauben, dass Gott das Böse *nicht* im Alleingang verhindern *kann*.

Wir können jedoch *in* unserem Leiden dankbar sein. Wir können Gott dafür danken, dass er uns Mut und Geduld geschenkt hat. Wir können Gott dafür danken, dass er die Quelle alles Guten ist. Selbst im Schmerz können wir Gott dafür danken, dass er uns Freundschaft, Hoffnung, Atem und mehr geschenkt hat. Dankbar zu sein für das Schöne und Gute dem wir begegnen – während wir gleichzeitig eine klare Sicht für das Hässliche und Böse besitzen – ist entscheidend für ein gutes Leben.

Wir können *in* allen Umständen danken, ohne *für* alle Umstände zu danken.

Was sollen wir also mit dem Rat von Paulus tun, „für" alles zu danken?

Glücklicherweise bedeutet die Passage nicht das, was die meisten denken. Das Wort „für" im Zitat stammt vom griechischen Wort *hüper*. Das Wort bedeutet oft „im Namen von" oder „zum Nutzen von". Wir verwenden „für" in diesem Sinne, wenn wir sagen: „Wir haben es *für* dein Wohl getan", „Ich habe einen Arzt *für* dich gefunden", oder „Ich habe *für* meine Kinder Schokoriegel mitgebracht."

„Dankt Gott, dem Vater, allezeit *für* alles" bedeutet, dass unsere Wertschätzung oder Dankbarkeit dem Ganzen zugutekommen soll. Unsere Dankbarkeit ist *für* das Gemeinwohl gedacht. Wir richten uns aus, dankbar zu sein, um uns selbst, anderen und dem Ganzen zu nützen. Dankbarkeit steigert das allgemeine Wohlbefinden.

Viertes Kapitel: Gott holt das Gute aus dem Schlechten

Wertschätzung macht die Welt und unser eigenes Leben besser! Die Opfer brauchen nicht zu sagen: „Danke, Gott", *weil* Böses geschehen ist. Denn es war nicht Gottes Wille. Aber wir können glauben, dass Gott in jeder Situation wirkt und versucht, das Gute aus dem Bösen hervorzubringen, das Gott niemals wollte. Du könntest sagen: „Trotz Schmerz und Tragik bin ich dankbar für das Gute, das in meinem Leben *ist*, das Gute, das aus Gottes Quelle kommt."

DAS MONSTER IN MEINEN ALBTRÄUMEN

Dankbar zu sein, wenn ein Kind stirbt, mag unmöglich erscheinen. Jason Jones weiß, wie schwierig das sein kann. In seinem Buch *Limping But Blessed* erzählt Jason die tragische Geschichte seines dreijährigen Sohnes Jacob.

Eines Nachmittags kletterte Jacob in den Geländewagen der Familie, während Jason im Haus ein Nickerchen machte. Jacob konnte sich nicht mehr aus dem Fahrzeug befreien. Er starb an diesem Nachmittag offenbar an einem Hitzschlag.

Eine sinnlose Tragödie.

Vor Jakobs Tod glaubte Jason, Gott habe alles verursacht oder zugelassen. Er nahm an: „Gott wusste, was er tat – indem er allen Schmerz und alles Leid benutzte, um seinen Willen zu verwirklichen, der letztlich gut sein musste." Alles geschieht aus einem Grund.

Diese Überzeugungen haben sich geändert. „Als mein Kind bei einem sinnlosen Unfall starb, machte meine Theologie keinen Sinn mehr", sagt Jason. „Was kann es Gutes bringen, wenn ein Kind stirbt? Wenn Gott so in der Welt wirkt, dann ist

Gott kann das nicht!

Gott nicht der liebende Vater, den ich zu haben glaubte; Gott ist dann das Monster in meinen Albträumen." [27]

Jason lehnt nun die Denkweise ab, dass sich die Dinge immer zum Besten entwickeln. „Sagt mir nicht, dass Jakob besser dran ist, da er bereits im Himmel ist, auch wenn er kein erfülltes Leben gehabt hat. Wenn ihr das tatsächlich glaubt", schreibt Jason, „warum begehen wir dann nicht alle Selbstmord oder lassen unsere Kinder an einer Krankheit sterben?" [28]

Schließlich kam Jason zu der Überzeugung, dass Gott seinen Sohn nicht im Alleingang hätte retten können. „Jakob und ich haben beide unseren eigenen, einzigartigen Willen, den Gott nicht kontrollieren will und kann", sagt er. In diesem besonderen Fall „konnte Gott seinen Willen nicht leblosen Gegenständen wie der Autotür oder Jakob selbst aufzwingen, um ihn davon abzuhalten in das Auto einzusteigen."

Jason glaubt auch, dass Gott ihn nicht durch Zwang wecken konnte. „Ich war müde und mein Körper besteht aus Organen und Organismen, die Ruhe brauchten. Gott konnte seinen Willen nicht meinem Körper aufzwingen und einfach durchgreifen." [29]

Wenn Gott Jason, die Autotür oder seinen Sohn hätte kontrollieren können, wäre es sinnvoll zu sagen, dass Gott Jakobs Tod *zugelassen hat*. Aber wenn Gott wirklich liebt, macht es keinen Sinn zu sagen, Gott habe diese Tragödie zugelassen. Zu glauben, Gott könne dieses Übel nicht verhindern, macht mehr Sinn.

Ist Jason also dankbar, dass Jacob gestorben ist? Nein! Aber er ist dankbar für die guten Zeiten, die sie miteinander teilten. „Auch wenn Jacob erst drei Jahre alt war, bin ich dankbar für die Zeit, die wir mit ihm hatten", sagt Jason. „Ich bin dankbar, sein Vater gewesen zu sein und ich bin dankbar dafür, wie viel Liebe er mir gezeigt hat." [30]

Jasons Dankbarkeit veranlasste ihn eine Schule zu sponsern, die zu Ehren Jacobs nach ihm benannt wurde. Sein Dank kommt nun anderen zugute. Er ist nicht dankbar *für* den Tod seines Sohnes. Aber Jasons Dankbarkeit für die guten Dinge in Jakobs Leben dient nun *dem Wohle* anderer und ihm selbst.

BESTRAFT GOTT?

Der Hauptgedanke dieses Kapitels soll aufzeigen, dass Gott aus dem – von ihm nie gewollten – Schlechten Gutes entstehen lassen will. Anders ausgedrückt: Gott arbeitet mit seiner Schöpfung zusammen, um alles erdenklich Positive aus dem Negativen, das Gott ursprünglich nicht plante und wollte, hervorzubringen.

Wir haben gesehen, dass es wenig Sinn macht, zu glauben, dass alles aus einem bestimmten Grund geschieht. Wir können und sollten inmitten unserer Schwierigkeiten dankbar sein, aber nicht glauben, dass Gott sie verursacht oder zugelassen hat.

Aber wir müssen noch einen weiteren beunruhigenden Aspekt in Joni Eareckson Tadas Glauben untersuchen. Joni glaubt, dass ihre lebenslange Lähmung die Antwort Gottes auf ihre Sünde war. „Ich glaube, Gott hat mich dafür bestraft, dass ich falsch gehandelt habe", sagt sie.

Verursacht oder erlaubt Gott, dass das Böse uns bestraft? Einige Schreiber des Alten Testaments vermitteln, dass Gott uns für Sünde bestraft, indem er uns Schmerz und Tod zufügt. Diese Schreiber stellen Gott manchmal sogar als gewalttätig dar. Gelehrte diskutieren darüber, wie diese Behauptungen zu interpretieren sind und die Erklärungen sind unterschiedlich. Die meisten sind der Meinung, dass die frühesten biblischen Texten aussagen, dass Gott die Ungerechten bestraft und die Rechtschaffenen segnet. Wenn wir Leiden sehen, sehen wir demnach göttliche Strafe.

Die Geschichte von Hiob sagt etwas anderes aus.

Hiob war ein guter und rechtschaffener Mann. Er war so tugendhaft, dass sogar Gott mit ihm prahlte! Aber der Teufel behauptete, wenn Hiob leiden würde, würde Hiob Gott verfluchen und ungehorsam sein. Er sei nur tugendhaft, argumentierte der Teufel, weil es ihm Vorteile bringe. Wir ernten demnach immer, was wir säen; Hiob erntete Güte, weil er Güte säte.

Gott war anderer Meinung. Also wetteten der Teufel und Gott darüber, wie Hiob auf das Leiden reagieren würde.

Der Teufel verursachte alle möglichen Verwüstungen. Das Leiden war intensiv! Schmerz, Verwirrung und Tod dominierten und Hiobs Leben lag in Trümmern. Seine Frau und seine Freunde nahmen an, Gott müsse ihn bestrafen, also rieten sie ihm, Gott zu verfluchen und zu sterben. Zumindest im Tod könne Hiob dem Leiden entkommen, argumentierten sie.

Gott war jedoch nicht die Ursache für Hiobs Qualen. Sünde war nicht die Quelle seines Schmerzes. Hiob blieb während der ganzen Tortur rechtschaffen. Der Teufel verursachte seinen Kummer, seinen Verlust und sein Elend. Hiob erntete nicht, was er gesät hatte.

Viele Aspekte der Erzählung von Hiob sind schwer zu verstehen. Gelehrte debattieren sie ohne Ende! Viele Gelehrte bezweifeln zum Beispiel, dass Gott jemals mit dem Teufel Wetten abschließen würde. Ein liebender Gott würde keine Geschäfte mit dem Teufel machen, die dem Menschen schaden. Die Gesamtaussage von Hiobs Geschichte scheint jedoch klar zu sein: Gute Menschen leiden. Guten Menschen passieren schlechte Dinge. Und Gott schickt nicht Schmerz und Leid, um eine Lektion zu erteilen. Gott ist nicht die Quelle des Bösen. Unheil und Zerstörung kommen anderswo her. Die Geschichte von Hiob lehrt uns, dass Gott Leiden nicht als Strafe für Sünde sendet.

DER HERR ERZIEHT

Der Gedanke, dass Gott Sünder bestraft, fehlt im Neuen Testament weitgehend. In einigen Passagen wird von den negativen Folgen der Sünde gesprochen, doch darauf werde ich später eingehen. Aber die Vorstellung, Gott selbst strafe Menschen, weil sie Unrecht tun, ist in den zuletzt geschriebenen Büchern der Bibel selten.

Im Buch der Hebräer gibt es jedoch eine Passage, die einige als „Gott straft" interpretieren. Joni zitiert sie: „Der Herr züchtigt diejenigen, die er liebt und er bestraft jeden, den er als Sohn annimmt." (Hebr 12,6).

Um diese Passage zu verstehen, müssen wir sie im Zusammenhang sehen. Hier lesen wir sie nach der *New International Version* (Anm. der Übersetzer: Es wurde versucht, den Text der NIV möglichst wortgetreu wiederzugeben; wobei im Austausch mit dem Autor entschieden wurde, das englische *discipline* mit *erziehen* zu übersetzen, da es dem griechischen Grundtextwort *peideuo* näher kommt als das deutsche *Disziplinieren* und auch an gleicher Stelle von mehreren deutschen Bibelübersetzungen gewählt wurde):

In deinem Kampf gegen die Sünde, hast du noch nicht bis zu dem Punkt, an dem dein Blut vergossen wird, Widerstand geleistet. Und hast du dieses Wort der Ermutigung schon völlig vergessen, das zu dir so spricht, wie ein Vater zu seinem Sohn spricht? Es lautet:

„Mein Sohn, schätze die Erziehung des Herrn nicht gering, und verliere nicht den Mut, wenn er dich zurechtweist, denn der Herr erzieht den, den er liebt, und er züchtigt jeden, den er als seinen Sohn aufnimmt."

Was ihr erduldet, dient zur Erziehung: Gott behandelt euch als seine Kinder. Denn welche Kinder werden von ihrem Vater nicht erzogen? Wenn ihr aber ohne Erziehung seid – die jeder durchlebt –, dann seid ihr keine legitimen, ja, überhaupt keine wahren Söhne und Töchter. Außerdem hatten wir auch unsere menschlichen Väter als Erzieher, und wir haben sie dafür respektiert. Wie viel mehr sollten wir uns nun dem Vater der Geister unterordnen und leben! Sie erzogen uns für eine kleine Weile, wie sie es für das Beste hielten; aber Gott erzieht uns zu unserem größten Wohl, damit wir an seiner Heiligkeit Anteil haben. Keine Erziehung scheint zu dieser Zeit angenehm, sondern unangenehm zu sein; später aber bringt sie eine Ernte der Gerechtigkeit und des Friedens für diejenigen hervor, die durch sie geschult wurden (Hebr 12,4-11).

POSITIVE ERZIEHUNG, NICHT BESTRAFUNG

Das Verständnis der Bedeutung von Erziehung ist der Schlüssel zum Verständnis dieser Passage. Erziehung heißt aufziehen, ausbilden, korrigieren und trainieren. Ein guter Erzieher oder Lehrer ermutigt zu einer besseren Lebensweise. Er hofft,

Viertes Kapitel: Gott holt das Gute aus dem Schlechten

dass sein Zögling oder Schüler durch Erziehung an Weisheit und Selbstbeherrschung hinzulernt.

Der Schreiber des Hebräerbriefes benutzt die Vater-Kind-Beziehung als Analogie für Gottes Erziehung. Leider verbinden nicht wenige die elterliche Erziehung auch mit Schlägen und anderen Misshandlungen. Oder sie betrachten sie als verbale Beschimpfung und Erniedrigung. Joni scheint so zu denken, wenn sie sagt, Gott habe sie mit lebenslanger Lähmung bestraft.

Gute Erziehung misshandelt, missbraucht oder erniedrigt nicht. Hilfreiche Erziehung verwendet gewaltfreie Maßnahmen. Zu einer gesunden Erziehung von Kindern gehört es, ihnen die negativen Folgen ungesunden Verhaltens beizubringen. Gute Lehrer warnen vor dem Schaden, der aus Fehlverhalten entsteht.

„Positive" Erziehung belehrt statt zu verletzen und ermutigt, statt zu erniedrigen.

Die im Hebräerbrief beschriebene Erziehung ähnelt der Anleitung eines Fitnesstrainers, der einem beibringt, wie man sich richtig bewegen, ausruhen und ernähren kann. Solche Lehrer motivieren ihre Schülerinnen und Schüler z.B., vorübergehende Vergnügungen – Faulheit, späte Nächte oder Süßigkeiten – aufzugeben, um gesünder zu leben. Das Aufgeben von Vergnügungen ist per Definition kein Vergnügen. Aber wir unterziehen uns diesen Erziehungsmaßnahmen aufgrund des Lohnes: mehr Gesundheit, Glück und Ganzheit.

Oder betrachten wir das Training, das ein Life-Coach bietet. Der hilfsbereite Coach bietet eine persönliche Anleitung zu positiven Zielen. Dabei geht es darum, einer Person zu helfen, nicht hilfreiche Gewohnheiten zu überwinden und neue

Perspektiven anzubieten. Schlechte Gewohnheiten zu überwinden, kann schwer sein, und das Denken in neuen Wegen kann anstrengend sein. Das Training eines Life-Coaches kann sich als entscheidend für ein gutes Leben erweisen.

Oder stelle dir die Arbeit eines effektiven Tutors vor. Dem Schüler machen auch die Lernaufgaben, die ein guter Tutor erteilt in der Regel keinen Spaß. Sie zu erledigen, erfordert Anstrengung. Die Studenten sind geistig und emotional manchmal überfordert, und das Lernen kann frustrierend sein. Aber Weisheit entsteht, wenn man den erzieherischen Anweisungen eines klugen Tutors folgt.

Wenn die im Hebräerbrief erwähnte Erziehung wie die Anweisung eines Fitnesstrainers, eines Lebensberaters oder Tutors erlebt wird, verstehen wir diese als positiv. Und positive Erziehung wird nicht aufgezwungen. Es ist eine zwangsfreie Unterweisung, Korrektur oder ein Training.

Ein liebender Gott erzieht uns auf nicht-zwanghafte Weise zu unserem Wohl. Gottes Erziehung ist nicht bestrafend; sie ist lehrreich und ermutigend. Gute Erziehung fördert das Wohlergehen, indem sie uns auf eine Weise schult, die uns hilft, gut zu leben.

…WIE SIE ES FÜR DAS BESTE HIELTEN

In Jonis bevorzugter Übersetzung von Hebräer 12,6 heißt es: „Gott bestraft jeden, den er als Sohn annimmt." In der von mir angebotenen Übersetzung heißt es: „Er züchtigt jeden, den er als seinen Sohn aufnimmt." Es gibt einen Unterschied zwischen Bestrafen und Züchtigen. Züchtigen bedeutet korrigieren. Bestrafen kann viele Formen des Schadens bedeuten. Es kann sogar, wie Joni meint, Lähmung bedeuten.

Viertes Kapitel: Gott holt das Gute aus dem Schlechten

Was ist es also: züchtigen oder bestrafen? Beachte, dass die fraglichen Sätze im Bibeltext eingerückt sind. Übersetzer des Neuen Testaments tun dies, wenn sich der Text auf eine Stelle des Alten Testaments bezieht. Der Schreiber des Hebräerbriefes zitiert hier eine Passage aus den Sprüchen. Hier nun eine Wiedergabe der Verse im Alten Testament (beachte besonders die letzte Zeile):

Mein Sohn, verachte die Unterweisung des HERRN *nicht,*
und nimm ihm seine Zurechtweisung nicht übel,
denn der HERR *züchtigt die, die er liebt,*
wie ein Vater den Sohn, an dem er sich erfreut (Spr 3,11-12).

Der Vater er*freut sich am* Sohn, steht in den Sprüchen. Der Schreiber des Hebräerbriefes verwendet zwar das Wort „züchtigen", nicht aber das „Erfreuen" am Sohn. Wahrscheinlich ist er von einer Übersetzung des Alten Testaments namens *Septuaginta* beeinflusst, statt von dem Grundtext, den Gelehrte heute zur Übersetzung des Alten Testaments verwenden.

Wir können uns leicht vorstellen, dass sich gute Eltern an ihrem Kind erfreuen. Und wir können uns vorstellen, dass diese Freude die Eltern dazu bewegt, das Kind gut auszubilden. Das ist es, was „züchtigen" bedeutet. Es ist schwer vorstellbar, dass ein gutes Elternteil Freude daran hat, ein Kind zu bestrafen. Die Sprüche unterstützen vielmehr die Vorstellung, dass Erziehung ein durch Freude motiviertes Training ist und nicht eine durch Missbrauch motivierte Bestrafung.

Beachte die Aussagen in der folgenden Passage des Hebräerbriefes: „Denn welche Kinder werden von ihrem Vater nicht erzogen? [...] Außerdem hatten wir auch unsere menschlichen

Väter als Erzieher, und wir haben sie dafür respektiert. [...] Sie erzogen uns für eine kleine Weile, *wie sie es für das Beste hielten*; aber Gott erzieht uns zu unserem größten Wohl."

Diese Aussagen gelten sicher nicht für alle Väter und Kinder. Einige Väter erziehen ihre Kinder *nicht*. Abwesende Väter scheitern offensichtlich. Auch einige beteiligte Väter scheitern kläglich in ihren Bemühungen, ihre Kinder zu erziehen. Was einige Väter „für das Beste hielten", war nicht gut. Folglich respektieren manche Kinder ihre Väter *nicht*. Und das zu Recht!

Gottes Erziehung ist jedoch niemals missbräuchlich. Diejenigen, die der Sünde widerstehen wollen, so der Hebräerbrief, haben einen Trainer, der sie auf positive und nicht auf strafende Weise ermutigt. Sünden zu widerstehen erfordert Selbstdisziplin, persönliche Entschlossenheit und Selbstbeherrschung. Der Erfolg kommt jedoch nicht allein aus unseren Bemühungen. Ein liebender Gott trainiert, korrigiert, unterweist und befähigt uns zur Liebe.

Die Belohnung für die Zusammenarbeit mit Gottes Schulung ist Leben im Überfluss, Gedeihen und Wohlergehen. Wir werden leben, sagt der Schreiber des Hebräerbriefes, denn Gott erzieht zu „unserem Wohl". Während die Erziehung den Verzicht auf zeitweilige Vergnügungen beinhaltet, ist der Preis ein erfülltes Leben.

Wie mein Freund Stephen gerne sagt: „Es ist gut, gut zu sein." [31]

EIN FALSCHER GOTT

Paul wuchs mit einem Vater auf, dessen Erziehung nicht liebevoll war. „Der oberste Herrscher unseres Hauses war ein kleiner

Viertes Kapitel: Gott holt das Gute aus dem Schlechten

Gott, der eifrig den göttlichen Bestrafer nachahmte", sagt er. Was Pauls Vater für das Beste hielt, war nicht gut. Anzunehmen, dass Gottes Erziehung missbräuchlich ist, kann dazu führen, dass wir daraus folgern, unsere Erziehung sollte ebenso sein. Viele Eltern, die einen missbrauchenden Gott nachahmen, werden selbst zu missbrauchenden Eltern.

„Ich erinnere mich, dass ich in der siebten Klasse war und mit Mathematik zu kämpfen hatte", sagt Paul. „Ein Samstagabend mit Hausaufgaben wurde zu einem Albtraum, als mein Vater fragte, ob er helfen könne. Je mehr Fehler ich machte, desto wütender wurde er. Je wütender er wurde, desto weniger klar konnte ich denken."

Er berichtet weiter: „In einem Augenblick warf er mich zu Boden, hob mich auf und stieß mich gegen eine Wand. Ich konnte nirgendwo hin, als er mich mit seinem Gürtel auspeitschte, weil ich schlecht in Mathe war. Dann schickte er mich in mein Zimmer, um es noch einmal zu versuchen."

Pauls ganzer Körper verspannte sich vor Schrecken und Frustration. Sein Bleistift zerbrach ihm in der Hand. „Als ich zurückgerufen wurde, um meinen nächsten Misserfolg zu melden", sagt Paul, „sah mein Vater den zerbrochenen Bleistift und meinte wohl, dass, wenn *er* einen Bleistift zerbrechen würde, dies aus Trotz und Bosheit geschehen würde. Also schlug er mich wieder gegen die Wand und verpasste mir einen Schlag auf die Nase. Ich ging und versagte natürlich wieder." Dies ging bis nach Mitternacht weiter. „Ich flehte ihn an, aufzuhören", sagt Paul.

Schließlich schlief sein Vater ein, und Pauls Mutter kam, um ihn zu trösten. Sie kümmerte sich um Pauls blutige Nase. Dann sagte sie: „Dein Vater hat das getan, weil er dich liebt."

Wirklich?!

„Mein Vater wurde mit ständigem Müll über einen allmächtigen Vatergott gefüttert, dessen Wille die Folter, der Missbrauch und die Hinrichtung seines geliebten Sohnes ist", sagt Paul. „Ihm wurde gesagt, es sei alles zu unserem eigenen Wohl. Es war alles für die Liebe."

„Meine Mutter wurde mit der gleichen Nahrung gefüttert", fährt Paul fort. „Kein Wunder also, dass sie sagen konnte: ,Sicher, er verprügelt dich, aber es geschieht alles aus Liebe'."

Pauls Eltern war die Sichtweise von Joni beigebracht worden: „Gott bestraft jeden, den er als Sohn annimmt". Aber wenn Paul glauben müsste, dass Gott gewalttätig und unterdrückend ist, wäre er lieber Atheist.

Paul kam zu der Überzeugung, dass „es eine andere Art von Macht gibt", wie er es ausdrückt, nämlich die Wahrheit über Gott. „Meine Suche brachte mich zum Herzen Jesu, dessen Leben, Lehre, Tod und Auferstehung zeigen, dass wahre Macht friedfertig, sanftmütig, angenehm und barmherzig ist. Diese Suche hat meinen Geist und mein Herz von dem falschen Gott gereinigt, dessen ,Liebe' gewalttätig ist." [32]

Ich glaube, liebevolle Erziehung bedeutet nicht Auspeitschen oder Herabwürdigen. Irdische Väter versagen manchmal. Doch Gottes Erziehung ist niemals gewalttätig, grausam oder schädlich. Wir besitzen die Weisheit, der Erziehung eines liebenden Gottes zu folgen.

DAS BÖSE ZERSTÖRT

Obwohl der Gedanke, dass Gott straft, im Neuen Testament weitgehend fehlt, beschreiben *zahlreiche* Passagen den Schmerz, die Zerstörung und die Verwirrung, die Sünde und

Viertes Kapitel: Gott holt das Gute aus dem Schlechten

Böses verursachen. Der Apostel Paulus sagt zum Beispiel: „Der Lohn der Sünde ist der Tod." Biblische Schreiber warnen vor dem „kommenden Zorn". Sünde und Böses zerstören. Opfer haben persönlich erfahren, dass andere ihnen absichtlich Schaden zufügen können. Und wir können uns selbst absichtlich schaden. Wir brauchen die Bibel nicht, um zu wissen, dass das Böse zerstört!

Schriftsteller des Alten und Neuen Testaments sprechen von „Gottes Zorn" (Hass) oder Kummer (Trauer), wenn Menschen andere, sich selbst und die Schöpfung falsch behandeln. Gott weiß, dass es schädliche Nachwirkungen für missbrauchende, unterdrückende und korrupte Handlungen gibt. Gott weiß auch, dass das Böse selbstzerstörerisch ist!

Leider glauben viele, Gott entscheide, ob er die Folgen von Sünde und Bösem verwaltet. Sie glauben, dass Gott sich bewusst entscheidet, Unrecht zuzulassen, um Verwüstung anzurichten.

„Mal sehen", sinniert Gott anscheinend, „soll ich den Hammer fallen lassen oder sie vor der Zerstörung durch die Sünde schützen?" In dieser Denkweise schützt Gott uns manchmal vor Schmerzen, manchmal aber auch nicht. Man kann nie sagen, was ein wankelmütiger Gott als nächstes tut.

Diese Sichtweise führt zu Fragen, die die Überlebenden so gut kennen! Wenn Gott immer liebt, warum schützt er uns dann nicht *immer*? Warum stoppt Gott nicht die Schrecken, die andere verursachen? Wenn Gott sich dafür entscheiden kann, den Schaden, der vom Bösen ausgeht, abzuwehren, würde dann nicht ein liebender Gott die meisten, wenn nicht sogar alle Schäden verhindern?

Entscheidet Gott, ob wir die destruktiven Folgen des Bösen erfahren?

NATURGEMÄSS NEGATIVE AUSWIRKUNGEN

Glücklicherweise gibt es einen besseren Weg, um über den Schmerz und das Chaos nachzudenken, das der Sünde und dem Bösen folgt. Dieser bessere Weg erklärt die Gebrochenheit, die von der Bosheit ausgeht. Es ist eine hilfreichere Erklärung zum „Lohn der Sünde", anstelle des Glaubens, dass Gott den Tod zulässt oder verursacht. Sie lehnt die Vorstellung ab, dass Gott entscheidet, ob er die Folgen des Bösen zulässt oder verhindert. Dieser bessere Weg sagt...

Es gibt *natürliche* negative Folgen von Sünde und Bösem.

Anstatt zu glauben, dass Verwüstung und Kummer übernatürliche Strafen sind, sollten wir lieber glauben, dass sie die natürlichen negativen Folgen der Verweigerung der Zusammenarbeit mit der Liebe Gottes sind. Anstatt zu glauben, dass Gott manchmal den Auswirkungen der Sünde zustimmt und zu anderen Zeiten nicht, sollten wir glauben, dass Sünde *natürlicherweise* zum Ruin führt. Diese schlechten Tatfolgen kommen nicht von Gott, sondern ergeben sich ganz natürlich aus schlechten Entscheidungen, Gewohnheiten, Unfällen oder Systemen.

Gott weiß, was das Leben gut macht. Unser göttlicher Freund ruft uns auf, in einer Weise zu handeln und zu leben, die dieses gute Leben fördert. Liebe fördert das Wohlergehen, und das Versagen zu lieben fördert das Unwohlsein. Die Weigerung, mit dem zusammenzuarbeiten, was das Leben gut macht, führt zu Schaden.

So funktionieren die Dinge in einem Universum von Ursache und Wirkung.

Gott ist nicht die universelle „Prügel-Maschine", welche ungehorsame Kinder schlägt. Gott ist das Elternteil, das alle liebt

Viertes Kapitel: Gott holt das Gute aus dem Schlechten

und jedes Geschöpf zur Liebe ruft. Der göttliche Freund beschließt nicht, uns manchmal im Alleingang zu beschützen und andere Male den Hammer auf uns fallen zu lassen. Gott handelt immer, um uns so weit wie möglich zu schützen. Aber es gibt natürliche negative Tatfolgen – für andere und für uns selbst –, wenn Geschöpfe den göttlichen Ruf, positiv zu leben, ignorieren.

Die Sünde ist ihre eigene Strafe. Bösewichte verletzen sich selbst, weil Böses zu tun bedeutet, sich selbst Schaden zuzufügen. Selbst durch die Sünde zugefügte Wunden können psychisch, physisch oder spirituell sein, weil die Sünde den Sünder zerstört.

Böses zu tun, schadet auch anderen. In einem zusammenhängenden Universum wirken sich die Handlungen des einen – im Guten wie im Bösen – auf andere aus. Unschuldige Opfer leiden. Um ein neues Sprichwort zu kreieren: „Manchmal erntet man, was *andere* säen..."

Das Böse mag kurzfristig zu gedeihen *scheinen*. Aber Bosheit, Sünde und Böses haben letztendlich immer natürliche negative Folgen. Und das schadet uns allen.

GOTT SEI DANK, GOTT HAT ES NICHT UNTER KONTROLLE!

Manchmal verursacht niemand direkt das Leid, das wir erleben. Niemand hat gesündigt, nicht andere und nicht wir. Niemand ist schuld. Wir leiden als Opfer von Naturkatastrophen, zufälligen Krankheiten oder einfachem Pech. Unfälle und Naturgewalten machen uns das Leben schwer oder können uns töten.

Diejenigen, die an einen strafenden Gott glauben, behaupten schnell, Naturkatastrophen, seltsame Unfälle oder unerklärliche Krankheiten seien göttliche Strafen. Wenn sie eine menschliche Ursache nicht erkennen können, nehmen sie an, dass Gott es getan hat. Versicherungsgesellschaften bezeichnen Naturkatastrophen zum Beispiel als „höhere Gewalt", und manche Menschen glauben, Gott verursache Krankheiten (z.B. AIDS) zur Züchtigung. Ein zerstörerischer Hurrikan, ein Tsunami oder ein Vulkanausbruch wird manch einen veranlassen zu sagen: „Gott muss zornig sein!"

Um diesen Behauptungen entgegenzutreten, müssen wir uns daran erinnern, dass Gottes Liebe nicht kontrollierend ist. Dazu gehört, dass Gott das Wetter, Viren, unbelebte Objekte und die Natur im Allgemeinen nicht kontrolliert. Folglich kann Gott Naturkatastrophen und negative Zufallsereignisse nicht im Alleingang verhindern.

Wir untersuchten auch Gottes nicht kontrollierende Liebe in Bezug auf Heilung. In einem Universum, in dem selbst die Handlungen kleinster Lebewesen von Bedeutung sind, wirkt Gott, um die ganze Schöpfung hin zu Gesundheit und Ganzheit zu bewegen. Gott kann Viren und andere Faktoren, die Krankheiten verursachen, nicht kontrollieren.

Gott sei Dank, Gott hat es nicht unter Kontrolle!

Wir sahen auch, dass Gott ein universeller Geist ohne einen lokalisierten Körper ist. Das bedeutet, dass Gott keine Hände oder Körperteile hat, die einen Hurrikan oder Vulkanausbruch verursachen könnten. Gott kann auch nicht buchstäblich vor einen Hurrikan treten oder auf einem Vulkan sitzen. Gott kann keinen göttlichen Finger benutzen, um einen Virus zu stoppen oder bei einem Erdrutsch Steine umzuordnen.

Weil Gott liebend ist, kann Gott andere nicht kontrollieren. Weil Gott Geist ist, kann er keine physisch-körperliche Wirkung ausüben. Folglich *kann* Gott auch nicht durch Naturkatastrophen strafen. Wir sollten nicht Gott, sondern die Prozesse der Schöpfung für Naturkatastrophen, seltsame Unfälle, unerklärliche Krankheiten und vieles mehr verantwortlich machen. Es gibt natürliche negative Folgen der Sünde und natürliche negative Unfälle, Krankheiten und Katastrophen.

KEIN SCHMERZ, KEIN GEWINN?

Ich schließe mit einer Überzeugung, die andere wahrscheinlich schon früher angesprochen hätten. Es ist die Vorstellung, dass Leiden einen reifen Charakter in den Leidenden hervorbringen kann. Ich sagte zu Beginn dieses Kapitels, dass Joni Eareckson Tada als Reaktion auf ihr Leiden einen reifen Charakter und einen schönen Geist entwickelt hat.

Weisheit, Integrität oder moralische Stärke entwickeln sich oft bei denen, die gut mit Herausforderungen umgehen. Sie lernen, „erwachsen" zu werden, während sie daran arbeiten Dinge zu bewältigen. Dies wird manchmal als „charakterbildendes" oder „seelenbildendes" Argument dafür bezeichnet, warum Gott Böses nicht verhindert. Gott will unseren Charakter stärken.

Wir wissen aus den Geschichten, die wir hören und aus unseren eigenen Erfahrungen, dass Leid uns manchmal stärker macht. Gelegentlich blicken wir auf unruhige Zeiten zurück und sehen im Nachhinein, wie Gott sie benutzt hat, um uns weiter zu bringen.

Ich glaube, Gott benutzt das Leiden, um uns reifen zu lassen. Und Gott antwortet auf das Böse, indem er uns und anderen auf positive Weise hilft. Aber ich glaube nicht, dass Gott zu diesem Zweck Leiden und Böses verursacht oder zulässt. Schließlich bringt das Böse *nicht immer* einen reifen Charakter hervor. Schmerz und Leid bringen *manchmal* positive Ergebnisse, manchmal aber auch nicht. Widrigkeiten *können* zur Reife führen, aber nicht immer. Ausdauerndes und hartnäckiges Leiden *kann*, muss aber nicht unbedingt zu mehr Widerstandsfähigkeit führen.

Anstatt die Opfer weiter zu bringen, kann das Böse töten, deprimieren und verkümmern. Manchmal verschlechtern die Schrecken des Lebens den Zustand. Anstatt einen stärkeren Charakter zu formen, kann das Böse zu Chaos, Verwirrung und Unreife führen. Anstatt Glauben aufzubauen, kann das Böse zu Unglauben oder Verbitterung führen.

Die Redewendung: „Kein Schmerz, kein Gewinn" (engl.: „no pain, no gain") kann zur Selbstverbesserung anregen, aber manchmal bringen Schmerzen auch keinen Gewinn. Auch den Spruch: „Was dich nicht umbringt, härtet dich ab", könnte man hier einordnen, denn manche Erfahrungen bringen dich um... physisch, psychisch oder spirituell. Was nicht tötet, kann auch schwächer machen.

Tote Menschen werden nicht reifer, und manche Verletzungen heilen nie. Herausforderungen lassen uns nicht immer wachsen.

AM GALGEN HÄNGEND

Die Konzentrationslager des nationalsozialistischen Holocaust bieten Beispiele des Bösen, die dem menschlichen Charakter schadeten und ihn nicht formten. In seinem Buch *Night* (dt. Titel: *Die Nacht*) beschreibt Elie Wiesel seine Erlebnisse in diesen Lagern. Viele Erfahrungen zeigen, dass das größere Gute nicht *immer* vom Bösen ausgeht.

Viertes Kapitel: Gott holt das Gute aus dem Schlechten

„Eines Tages, als wir von der Arbeit zurückkamen, sahen wir drei Galgen", erinnert sich Elie. Unter denjenigen, die zum Tod durch Hängen ausgewählt wurden, war ein kleiner Junge. „Er war blass, fast ruhig, aber er biss sich auf die Lippen, als er im Schatten des Galgens stand."

Die verurteilten Gefangenen traten auf Stühle. Die Wachen legten ihnen Schlingen um den Hals. „Lang lebe die Freiheit!", riefen die beiden Männer. Der Junge schwieg.

„Wo ist ein barmherziger Gott?", fragte ein Gefangener in der Nähe von Elie, der die Hinrichtungen beobachtete.

Die Männer verstarben schnell. Der Junge starb nicht sofort. Er war zu mager. Sein abgemagerter Körper brach ihm nicht das Genick in der Schlinge.

„Er hing mehr als eine halbe Stunde", sagt Elie, „zwischen Leben und Tod und wand sich vor unseren Augen. Und wir waren gezwungen, ihn aus der Nähe zu betrachten. ... Seine Zunge war noch rot, seine Augen noch nicht erloschen."

Der Gefangene fragte erneut: „Wo ist Gott?",

Eine Stimme in Elie antwortete: „Hier ist er – hier an diesem Galgen hängend."[33]

Der Holocaust der Nazis hat viele dazu bewogen, Atheisten zu werden. Als Millionen unschuldiger Männer, Frauen und Kinder starben, starb der Glaube an Gott: Viele konnten nicht mehr an eine liebende und allmächtige Gottheit glauben.

Viele, die sich für den Atheismus entscheiden, glauben, dass Gott – per Definition – in der Lage sein muss, Schrecken, Tragödien und Missbrauch im Alleingang zu stoppen. Für sie macht es daher keinen Sinn, an einen liebenden Gott zu glauben, der Böses verhindern kann, sich aber dafür entscheidet, dies nicht zu tun. Viele heutige Opfer sind versucht, sich diesem Unglauben anzuschließen.

Ich stimme zu, dass ein Gott erzwingender Macht, der das Böse im Alleingang verhindern kann, nicht existiert. Aber ich glaube an einen anderen Gott. Ich glaube, Gott umarmt jeden und alles mit ewiger, nicht kontrollierender Liebe. Zu glauben, dass Gott *nicht* kontrollieren *kann,* macht den Unterschied!

Selbst der Nazi-Holocaust führte zu einigen positiven Ergebnissen. Aber wir müssen niemals glauben, dass Gott Schrecken geplant hat, um diese Ergebnisse zu erzielen. Manchmal hören wir Berichte von Opfern, die zu Siegern wurden, und wir feiern. Doch wir kennen auch Geschichten von Verlust und Zerstörung ohne erlösenden Wert.

Schmerz führt nicht *immer* zu Gewinn.

GLAUBENSÜBERZEUGUNG NR. 4 – GOTT HOLT DAS GUTE AUS DEM SCHLECHTEN

Es ist weise und hilfreich, sich als vierten Gedanken bewusst zu machen, dass Gott mit seiner Schöpfung zusammenarbeitet, um das Gute aus dem Bösen – das Gott niemals wollte – hervorzubringen. Gott sendet das Böse nicht als Prüfung oder lässt es zu. Ebenso wenig ist das Leiden Gottes Strafe. Gott lässt das Böse auch nicht zu irgendeinem höheren Zweck geschehen.

Gott ist nicht schuld.

Gutes kommt *manchmal* aus Schaden hervor. Gott arbeitet mit uns, *wenn Böses getan wurde*, um etwas Schönes aus der Asche entstehen zu lassen. Tatsächlich arbeitet Gott mit seiner ganzen Schöpfung, um das Beste aus dem Bösen zu holen, das Gott nicht gewollt hat. Unsere Zusammenarbeit kann zu etwas Gutem führen.

Viertes Kapitel: Gott holt das Gute aus dem Schlechten

Dies ist eine bessere Art und Weise, über Gott und das Böse nachzudenken. Sie steht zwischen dem Glauben, Gott sei entweder unbeteiligt oder existiere nicht, und dem Glauben, Gott verursache oder erlaube Schrecken mit einem bestimmten Ziel vor Augen.

Dieser bessere Weg weist Jonis Ansicht zurück, dass Gott straft. Er widerspricht ihrer Ansicht, dass Gott zulässt, was er hasst oder diejenigen verletzt, die er liebt. Dieser Weg verneint, dass Gott Böses mit irgendeinem Ziel vor Augen plant.

Dieser bessere Weg erklärt das Gute, das *manchmal* nach dem Bösen entsteht, indem er uns zeigt, dass Gott mit der Schöpfung zusammenarbeitet, um Recht aus Unrecht hervorzubringen. Gott kann nicht im Alleingang entscheiden, uns vor Schmerz oder Zerstörung zu schützen. Stattdessen gibt es natürliche negative Folgen der Sünde, des Bösen und einiger zufälliger Ereignisse.

Im nächsten und damit letzten Kapitel werden wir untersuchen, warum *wir* wirklich wichtig sind. Aber auch in diesem Kapitel haben wir eine wesentliche Wahrheit gelernt; eine Wahrheit, die uns hilft, ein gutes Leben in dem Bewusstsein zu führen, dass Gott immer wirkt, um das Gute aus dem Bösen hervorzubringen, das er ursprünglich nie wollte.

Fragen

1. Wann hat Leiden in deinem Leben oder in dem Leben anderer Menschen einen reifen Charakter hervorgebracht? Wann hat es das nicht?

2. Was ist problematisch bei der Aussage: „Alles geschieht aus einem Grund"?

3. Warum könnten einige denken, dass Erziehung gewalttätig sein sollte?

4. Warum sollten wir glauben, dass ein nicht kontrollierender Gott nicht straft?

5. Warum ist es wichtig zu erkennen, dass es natürliche, negative Folgen von Sünde und Bösem gibt, anstatt diese negativen Folgen als von Gott verursacht oder erlaubt zu sehen?

6. Warum halten manche Menschen Naturkatastrophen, Unfälle oder Krankheiten für Gottes Strafe?

7. Warum ist es wichtig, nicht *wegen* des Bösen, sondern *trotz* des Bösen dankbar zu sein?

FÜNFTES KAPITEL

Gott braucht unsere Zusammenarbeit

Stanley wurde bei dem Versuch zu verstehen, warum Gott Gräueltaten und Schrecken nicht stoppt, so frustriert, dass er aufgab. Er hörte auf zu versuchen, Gott und dem Bösen einen Sinn zu geben.

Stanley glaubt immer noch an Gott. Er glaubt, dass Gott allmächtig und liebevoll ist. Und er glaubt, dass echtes Böses geschieht. Aber Stanley glaubt, dass unsere einzige Aufgabe darin besteht, den Verletzten zu helfen und gegen Ungerechtigkeit zu arbeiten. Er hat keine Zeit, damit zu ringen, *warum* Missbrauch, Tragödien und unnötiges Leid überhaupt geschehen.

„Es spielt keine Rolle, *warum* Gott das Böse nicht stoppt", sagt Stanley. „Es kommt nur darauf an, dass wir uns um diejenigen kümmern, die leiden und uns dem Bösen entgegenstellen. Theorien sind nutzlos, und der Versuch, das Problem des Bösen zu lösen, ist eine vergebliche Mühe. Mitgefühl und spirituelle Praktiken verändern die Welt."

Ich denke, Stanley hat teilweise Recht und teilweise Unrecht. Er hat Recht, wenn er sagt, dass unser Zusammenwirken mit Gott eine wesentliche Rolle bei der Lösung der Probleme des Bösen spielt. Unsere Antwort auf das Böse zählt. Dieser Gedanke und seine Auswirkungen stehen im Mittelpunkt dieses Kapitels.

Stanley hat Unrecht, wenn er sagt, dass es nur darauf ankommt, gegen das Böse zu arbeiten. Denn wer gegen etwas arbeitet, was Gott scheinbar zugelassen oder sogar verursacht hat, handelt ja entgegen Gottes Willen. Ein Gott, der fähig ist alles zu kontrollieren, könnte jedes Übel verhindern. Dieser Gott könnte Probleme im Alleingang lösen – wenn er will. Gegen das zu handeln, was Gott zuvor verursacht oder zugelassen hat, würde also offensichtlich bedeuten, sich Gottes Willen zu widersetzen.

Es ist schwer, sich motiviert zu fühlen, Probleme zu lösen, die ein angeblich allmächtiger Gott allein lösen könnte.

UNVERZICHTBARE LIEBES-SYNERGIE

Die fünfte Überzeugung, die wir brauchen, um unser Leben neu zu gestalten, ist ebenfalls radikal. Manchmal brauchen wir radikale Ideen, um an die Wahrheit heranzukommen. Sie helfen uns, unserem Leben und der Welt einen Sinn zu geben. Viele konventionelle Gedanken haben uns nicht geholfen, einen Sinn für das zu finden, was Gott im Angesicht des Bösen tut.

Wahre Überzeugungen, auch wenn sie radikal sind, befreien uns!

Fünftes Kapitel: Gott braucht unsere Zusammenarbeit

Viele Menschen akzeptieren eine weniger radikale Form dieser fünften Glaubensüberzeugung. Sie besagt, dass Gott uns einlädt, an Seinem Werk mitzuwirken, um Heilung, Güte und Liebe zu fördern. Wir können an Gottes Plan mitwirken, unser Leben und die Welt besser zu machen.

Die radikalere Form besagt, dass Gott uns und andere *braucht*, damit die Liebe siegt. Unsere Beiträge sind *wesentlich* für das allgemeine Wohlbefinden. Ohne gleichgesinnte Zusammenarbeit *kann* Gott diese positiven Ergebnisse *nicht* erreichen. Geschöpfe spielen eine *notwendige* Rolle bei Gottes Zielen, die Schöpfung wiederherzustellen und uns allen zu helfen, zu gedeihen.

Nennen wir diesen radikalen Glauben „unverzichtbare Liebes-Synergie".

„Synergie" bedeutet zusammenwirkende Energien oder Aktionen. Es stammt vom griechischen Wort *synergeo*, und biblische Schreiber verwenden es, um Geschöpfe zu beschreiben, die mit Gott zusammenarbeiten. „Unverzichtbar" bedeutet, dass Gott die Zusammenarbeit mit seinen Geschöpfen benötigt, damit die Liebe regieren kann. Weder Gott noch Geschöpfe erzeugen allein positive Ergebnisse. Das Wort „Liebe" in „unverzichtbare Liebes-Synergie" bezeichnet die Gesinnung dieses Wirkens Gottes und unsere kohärente Reaktion darauf, um wahres Glück zu erfahren. Gott braucht unsere gleichgesinnten Antworten, um das Gedeihen zu fördern.

Nicht einmal Gott kann die Welt im *Alleingang* retten.

Unverzichtbare Liebes-Synergie bedeutet, dass das, was wir tun, von Bedeutung ist. *Wirklich wichtig* ist. Unser Leben ist keine Nebensache; unsere Handlungen haben Konsequenzen.

Wir machen einen entscheidenden Unterschied – für uns selbst, für andere und für Gott.
Unser Leben und unsere Taten zählen!

KEIN GOTT

Ich treffe viele Menschen, die an der Bedeutung ihres Lebens zweifeln. Sie sprechen über ein großes Universum, eine große Gesellschaft, große Kräfte oder etwas anderes Großes. Das Gespräch wendet sich dann gewöhnlich irgendwann zum Thema eines großen Gottes – der alles kontrolliert.

Wenn man bedenkt, wie Gottes Macht typischerweise beschrieben wird, machen Zweifel an unserer Bedeutung Sinn. Wenn Gott der „Allmächtige" ist, wie ihn sich die meisten Menschen vorstellen, spielt unser Leben letztlich keine Rolle. Wir drehen nur Däumchen im vorherbestimmten Ablauf.

Drei Ansichten führen dazu, dass Menschen daran zweifeln, dass ihr Leben von Bedeutung ist.

Die erste könnten wir die „Kein-Gott"-Ansicht nennen. Prozentual gesehen sind nur eine kleine Anzahl von Menschen kompromisslose Atheisten. Aber meine ungläubigen Freunde geben oft gute Gründe dafür an, warum sie nicht an Gott glauben und daher auch annehmen, dass das Leben keine Rolle spielt.

Die besten Gründe für Atheismus sind eigentlich Reaktionen auf konventionelle Vorstellungen von Gott. Viele, die schreckliche Übel ertragen mussten, können zum Beispiel nicht glauben, dass ein liebender und allmächtiger Gott zulassen würde, was sie erlebt haben. Andere können nicht verstehen, wie ein Gott, der fähig ist alles zu kontrollieren, eine Erde erschafft, die durch einen scheinbar chaotischen und schmerzhaften evolutionären Prozess entsteht, gefüllt mit

Fünftes Kapitel: Gott braucht unsere Zusammenarbeit

schmerzlichem Tod und vielen Sackgassen. Einige können nicht glauben, dass ein liebender Gott Menschen für Ewigkeiten in die Hölle schicken würde. Und so weiter. Ich habe in diesem Buch eine Art des Nachdenkens über Gott vorgestellt, die auf diese berechtigten Bedenken antwortet, aber die meisten Ungläubigen kennen diesen Ansatz nicht.

Obwohl ich meine ungläubigen Freunde liebe und respektiere, kann ich die „Kein-Gott"-Ansicht nicht empfehlen. Das kann ich auch deshalb nicht, weil sie keinen guten Grund dafür bietet, dass unser Leben letztlich eine Rolle spielt. Tatsächlich bietet der Atheismus keine übergreifende Erklärung, um zu verstehen, was letztendlich zählt.

„Wir müssen in der Welt einen positiven Unterschied machen", sagen Atheisten manchmal. Aber die Kein-Gott-Sicht bietet kein ultimatives Paradigma, anhand dessen man beurteilen könnte, was wirklich positiv ist. „Positiv" und „negativ" ist ganz dem Einzelnen oder der Gruppe überlassen. Ein Atheist mag uns ermutigen, heroisch für das Gute und Schöne zu handeln, aber die Kein-Gott-Sicht bietet keinen transzendenten Maßstab, um „gut", „schön" oder gar „heroisch" zu beurteilen.

Wenn Menschen keinen ultimativen Standard anerkennen, der über ihre persönliche Präferenz oder den ihrer Gruppe hinausgeht, haben sie keinen Standard, der über sie selbst hinausgeht. „Gut" ist das, was für sie oder ihre Gruppe funktioniert. Im schlimmsten Fall entwickelt sich die atheistische Ethik zum Slogan: „Macht erschafft Recht", was übrigens auch ein Problem für ethische Systeme ist, die mit einigen traditionellen Ansichten über Gott verbunden sind.

Die Kein-Gott-Auffassung bietet keinen guten Grund zu glauben, dass unser Leben letztlich von Bedeutung ist, weil sie keinen endgültigen Standard anerkennt, nach dem man beurteilen könnte, was letztlich wichtig ist.

ALLES GOTT

Ein weiterer kleiner Prozentsatz der Menschen glaubt, dass Gott existiert, aber sie glauben, dass Gott alles kontrolliert. Nennen wir dies die „Alles-Gott"-Ansicht. Demnach regiert Gott souverän alle Dinge.

Diejenigen, die die Alles-Gott-Auffassung befürworten, glauben im Grunde, dass der freie Wille eine Illusion ist. Aus ihrer Perspektive sind auch Zufall und Glück Illusionen. Ihrer Ansicht nach bewirkt Gott jede Vergewaltigung, jeden Mord, jede Folter, jede Krankheit, jede Katastrophe, jeden Krebs und jeden Völkermord. Die Alles-Gott-Verteidiger behaupten gewöhnlich, diese Übel seien auf irgendeine geheimnisvolle Weise gut. Die meisten Überlebenden kaufen ihnen das nicht ab.

Die Alles-Gott-Sicht bietet einen ultimativen Maßstab für die im Amerikanischen beliebte Aussage: „Was auch immer Gott tut, geschieht zum Guten." Aber sie bietet keinen Grund zu der Annahme, dass *unser* Leben wirklich von Bedeutung ist. Wir tun schließlich nichts aus eigenem Antrieb. Gott kontrolliert uns und alles. Wir sind Marionetten.

Diejenigen, die diese Ansicht bejahen, sagen manchmal: „Wir müssen dem souveränen Gott des Universums gehorchen." Aber kontrollierte Menschen „gehorchen" nicht. Sie sind Aufziehspielzeuge. Der Spielzeugmacher kontrolliert die gesamte Schöpfung.

Der Alles-Gott prädestiniert alles als die „Alles-Ursache". Diejenigen, die diese Ansicht vertreten, sagen, eine Vorherbestimmung sei möglich, weil Gott voraussieht, was jeder tun wird.

Fünftes Kapitel: Gott braucht unsere Zusammenarbeit

Aber weil Gott alles kontrolliert, ist das, was Gott bereits vorhersieht, auch das, was *Gott* tut. Die Opfer müssen davon ausgehen, dass ihr Leiden damit nicht nur Gottes Plan ist, sondern letztlich auch von Gott verursacht wurde. Aus dieser Sicht ist es schwer zu glauben, dass irgendein Geschöpf moralisch verantwortlich ist.

Es gibt einen Grund dafür, dass die Alles-Gott-Auffassung unbeliebt ist: Sie macht keinen Sinn.

STEVE JOBS

Ich denke oft an Steve Jobs, wenn ich über die Vorstellung nachdenke, dass Gott voraussieht und vorherbestimmt.

Als Jobs dreizehn war, las er in der Zeitschrift *Life* einen Artikel über hungernde Kinder. Das veranlasste ihn, sich über Gottes Fähigkeit, Böses zu verhindern, Gedanken zu machen. Also brachte er seine Fragen samt des Artikels zu seinem Sonntagsschullehrer.

„Wenn ich den Finger hebe", fragte Jobs, „wird Gott dann wissen, welchen Finger ich heben werde, bevor ich es tue?"

„Ja", sagte sein Lehrer, „Gott weiß alles [im Voraus]!"

„Weiß Gott auch darüber Bescheid was mit diesen Kindern geschehen wird?" fragte Jobs, mit Verweis auf den Life-Artikel.

„Steve, ich weiß, dass du das nicht verstehst", antwortete der Sonntagsschullehrer, „aber ja, Gott weiß das."

Jobs erkannte, dass ein Gott, der das Böse voraussieht und vorherbestimmt, unmoralisch sein muss. Also verkündete er öffentlich, dass er mit diesem Gott nichts zu tun haben wolle. Er kehrte nie wieder in die Kirche zurück.[34]

Die Alles-Gott-Sicht bietet keinen guten Grund zu glauben, dass Gott sich wirklich um uns sorgt oder dass unser Leben wirklich von Bedeutung ist.

DIE KONVENTIONELLE SICHTWEISE VON GOTT

Die dritte Sichtweise, die unserem Leben letztlich keine Bedeutung verleiht, ist wahrscheinlich die häufigste. Nennen wir sie die „herkömmliche Ansicht von Gott". Diese Sichtweise gibt es in vielen Formen, und die meisten Gläubigen – ob „jung im Glauben" oder „gereift" – bejahen die eine oder andere Form.

Menschen, die die konventionelle Sichtweise akzeptieren, beginnen damit, dass sie denken, Gott sei im Wesentlichen „jenseitig". Manche nennen dies „göttliche Transzendenz". Der Gott „da draußen" hätte fernab bleiben können, hat sich aber entschieden, „hier zu sein". Gott ist herabgestiegen, um unter den Geschöpfen zu wohnen und sich frei zu entscheiden, sie zu lieben.

„Ist es nicht erstaunlich, dass der souveräne Gott des Universums beschließt, dich und mich zu lieben?", fragen diese Gläubigen rhetorisch. „Gott lädt uns sogar ein, an dem teilzunehmen, was er in der Welt tut." Aussagen wie diese gehen davon aus, dass Gott grundsätzlich unabhängig ist und jede Aufgabe allein bewältigen kann. Verfechter dieser Ansicht gehen davon aus, dass Gott sich entscheiden könnte, uns *nicht* zu lieben.

Die konventionelle Sichtweise besagt, dass obwohl Gott uns und andere kontrollieren *könnte*, er uns in der Regel den freien Willen lässt und zur Antwort einlädt. Doch derjenige, der fähig ist zu kontrollieren, *braucht* keine Zusammenarbeit. Zwang ist also immer dann eine Option, wenn der konventionelle Gott eine Arbeit erledigt haben will.

Die herkömmliche Sichtweise besagt, dass unser Leben vollständig in Gottes Hand liegt. Gott kann entscheiden, es in einem Augenblick zu beenden. „Gott hat entschieden, sie nach Hause zu holen", sagen diese Menschen, wenn jemand stirbt.

Fünftes Kapitel: Gott braucht unsere Zusammenarbeit

Eine psychisch kranke Mutter könnte vielleicht zu ihrem Kind sagen: „Ich habe dich in diese Welt gebracht, und ich kann dich wieder herausholen!" Doch auch der konventionelle Gott würde gut in dieses Zerrbild passen. Unsere Handlungen führen nur zu vorläufigen Ergebnissen; Gott verkündet das endgültige Urteil.

In diesem Buch haben wir immer wieder Probleme mit dieser konventionellen Sichtweise gesehen. Der Gott, der mit Macht kontrolliert, verursacht letztendlich Böses oder lässt es zu. Ein liebender Gott, der das Böse im Alleingang verhindern kann, sollte dies im Namen der Liebe auch tun. Opfer von Missbrauch und Tragödien können daher nicht glauben, dass der Gott der konventionellen Sichtweise sie liebt. Und dafür, dass Gott im Alleingang heilen kann, finden viel zu wenige Heilungen statt. So gehen wir also davon aus, dass das Böse Gottes Strafe und Plan ist.

Die konventionelle Sichtweise schiebt die Schuld in der Regel auf die Übeltäter. Aber ein Gott, der Vergewaltigung, Mord und Folter einzeln stoppen könnte, ist ebenso schuldig, wenn er nicht eingreift. Aus der Perspektive der Leidenden ist es dem konventionellen Gott nicht wichtig genug, ihr Leiden zu beenden. Diese Perspektive macht Sinn, wenn Gott in der Lage ist, Geschöpfe oder Situationen zu kontrollieren.

Der zur Kontrolle fähige Gott kann auch Aufgaben erfüllen, die Geschöpfe unerledigt lassen. Böses, das durch Fahrlässigkeit verursacht wurde, hätte von diesem Gott verhindert werden können. Babys, die durch Vernachlässigung verhungern, hätten gefüttert werden können.

Gläubige, die an die konventionelle Sichtweise von Gott glauben, sagen manchmal, wir sollten den Armen helfen. „Gott ruft uns, die Hungrigen zu speisen, die Nackten zu kleiden und die Unterdrückten zu befreien", sagen sie. Aber der Gott, der in der Lage ist, das zu kontrollieren, *hat* diesen Hunger, diese Nacktheit und Unterdrückung überhaupt erst *zugelassen*. Und *Er* könnte sie mit einem Fingerschnipsen lindern... wenn *Er* es wirklich wollte.

Der Versuch von Menschen, das Böse zu lindern, das der konventionelle Gott zugelassen hat, scheint den Absichten Gottes zu zuwiderzulaufen. Und der Gott, der Ergebnisse durch ein absolutes Mandat bestimmen kann, braucht keine Zusammenarbeit. Es ist also schwer, sich mit Interesse dafür einzusetzen, was Gott allein tun könnte.

Die konventionelle Sichtweise beschreibt einen Gott, der sich jederzeit über unser Tun hinwegsetzen kann oder allein erreichen kann, was uns nicht gelingt. Es ist schwer zu glauben, dass unser Leben *wirklich* von Bedeutung ist, wenn Gott diese Art von Macht besitzt, auch wenn Gott sie nicht immer einsetzt.

Dieser Gott braucht nichts von uns.

HERABLASSUNG

Theologen früherer Zeiten sagten, Gott sei „herabgestiegen", um mit der Schöpfung zu sein. Der Hohe und Heilige Gott neigte sich herab, um mit niederen und unheiligen Sündern zu verkehren. Ihrer Ansicht nach ist Gott im Wesentlichen unnahbar und distanziert. Sie erkannten die transzendente Macht als oberste Priorität an und erst in zweiter Linie die Möglichkeit der innewohnenden Liebe.

Die volkstümliche Bedeutung von „herablassend" besagt, dass eine Person ihre Nase rümpft, sich „hochmütig" verhält

Fünftes Kapitel: Gott braucht unsere Zusammenarbeit

oder „herablassend" mit anderen redet. Ein herablassender Snob will sich nicht mit Leuten beschäftigen, die nicht in seiner Liga spielen. Vielleicht erniedrigt er sich kurzfristig, anderen Informationen zu vermitteln und ihnen ein wenig seiner „wertvollen Zeit" zu opfern. „Willkommen in der realen Welt", sagt die Cheerleaderin herablassend zur Anfängerin... Weder die populäre noch die theologische Bedeutung von „herablassend" geht von beziehungsorientierter Liebe aus. Beide stellen die Unabhängigkeit über die Beziehung. Beide setzen die Überlegenheit der Distanz voraus.

Der Gott, der das Geschehen im Alleingang bestimmen könnte, aber zur Mitwirkung auffordert, ist wie ein Herrscher, der vorgibt, dass ihm seine Lakaien wichtig sind. Ein herablassender Chef tut was er will, aber spiegelt zur Motivation vor, dass er Hilfe braucht. Er *sagt, dass* die Bemühungen seiner Untergebenen einen Unterschied machen, aber es ist eine Täuschung. Er ist herablassend.

Wir mögen für eine Weile einen „Ich-kann-das-allein-in-Ordnung-bringen-Anführer" tolerieren, aber wir sind nicht dauerhaft daran interessiert, nur eine Beschäftigungstherapie zu durchlaufen. Wir wollen auf sinnvolle Weise einen Beitrag leisten. Die Frustration am Arbeitsplatz eskaliert, wenn die Führungskraft, die alles allein in Ordnung bringt, Mist baut. Unsere Geduld geht zu Ende. Derjenige, der Katastrophen verursacht oder zulässt – welche durch die Annahme von Hilfe hätten verhindern werden können –, ist keine gute Führungskraft.

Die herkömmliche Sichtweise stellt Gott wie einen Vorschullehrer dar, der sagt: „Kinder, wir müssen die Spielsachen wegräumen, bevor wir nach Hause gehen können." Der Lehrer würde sich natürlich über Hilfe freuen. Aber wenn die Kinder sich weigern, wird er die Aufgabe allein erledigen. Ob die Vorschulkinder helfen oder nicht spielt keine echte Rolle. Sie werden doch jeden Tag nach Hause gehen, egal ob das Aufräumen durch sie erledigt wurde oder nicht.

Der Gott, der alles kontrollieren kann, ist wie der Trainer, der Fünfjährigen American Football beibringt. In der Praxis kann der Trainer der Offensivlinie sagen, dass er ihren Block auf einem für ihn selbst entworfenen Spiel braucht. Aber auch wenn die Kinder nicht blocken, kann der Erwachsene die kleinen Verteidiger einfach überrennen. Der Trainer braucht nicht *wirklich* eine Offensivlinie.

Der Gott, der im Alleingang Ergebnisse erzielen kann, aber zur Zusammenarbeit einlädt, ist wie der „Ich-schaffe-es-ohne-Hilfe-Vorschullehrer", der „Ich-brauche-keinen Block-Fußballtrainer" oder der „Ich-tue-so-als-bräuchte-ich-dich-Chef". Unsere Handlungen sind für den Gott, der in der Lage ist, uns zu kontrollieren, nicht wirklich von Bedeutung.

Ein solcher Gott ist einfach herablassend.

KEIN DIKTATOR

Ich lernte Michael kennen, als er mir eine E-Mail schickte, in der er mir für mein Buch *Gottes Liebe zwingt nicht* dankte. Es entstand eine digitale Freundschaft.

Michael beschreibt sein frühes Leben als „spirituell desorientiert". Er kämpfte mit Nervosität, geringem Selbstwertgefühl und Herzklopfen. Er fühlte sich wie ein Außenseiter und neigte zu Betrügereien, war geistig desorientiert und unfähig, sich im Leben zurecht zu finden.

Wissenschafts- und Theologiedebatten an der Universität Oxford führten dazu, dass Michael zu einem überzeugten

Fünftes Kapitel: Gott braucht unsere Zusammenarbeit

Atheisten wurde. Auf seiner späteren Sinnsuche wandte er sich dem Zen-Buddhismus zu. Aber auch diese Tradition beantwortete seine Fragen nicht.

Nachdem er seine zukünftige Ehefrau getroffen hatte, untersuchte Michael die Möglichkeit, dass Gott existieren könnte. Aber er konnte einen Gott der Liebe nicht mit dem Bösen und der Hölle in Übereinstimmung bringen. Sie waren seine intellektuellen Stolpersteine.

„So extrem es auch klingt", schrieb Michael in einer E-Mail, „viele Christen stellen sich Gott unbewusst wie einen nordkoreanischen Führer vor, dessen Gerechtigkeit willkürlich ist und der unsere auf Angst basierende Hingabe erwartet. Distanziert und unpersönlich, verlangt er Respekt. Dieser Gott schätzt weder seine Untertanen noch stellt er ihre Interessen in den Vordergrund."

Weil der konventionelle Gott die Kontrollmacht hat, sagt Michael: „Was auch immer dieser böse Gott tut oder zulässt, ist vermutlich Teil seines Plans. Dazu gehört die gesamte Gewalt in der Welt. Schließlich könnte ein Gott, der die Gewalt kontrollieren kann, sie auch stoppen."

Wenn Gläubige sich Gott als beherrschend vorstellen, sagt Michael, dann „beten sie Gott eher aus Furcht als aus Zuneigung an." Zu dem Szenario von Himmel und Hölle, das auf einem kontrollierenden Gott basiert, sagt Michael: „Einige wenige genießen ein Paradies des Luxus, während die meisten unter den verschiedenen Extremen der Hölle leiden." Der Gott, der Menschen zu ewigen Folterqualen verdammt – egal, wie schlecht sie gewesen sind – kann nicht liebevoll sein.

Schließlich kam Michael zum Glauben an Gott. Aber er akzeptiert die konventionelle Sichtweise nicht. „Ich bin den

Theologen dankbar, die gezeigt haben, dass wir die objektive Realität oder die Bibel nicht aufgeben müssen, um die göttliche Macht mit dem echten Bösen, das wir erleben, in Übereinstimmung zu bringen." Michael kam zu der Überzeugung, dass es sinnvoller sei, an einen Gott der bedingungslosen Liebe zu glauben, der nicht kontrollieren kann.

Verändert durch Gottes nicht beherrschende noch kontrollierende Liebe, stellte sich Michael seinen Ängsten, zog nach Übersee und wurde Assistenzpfarrer einer internationalen Kirche. Mit Gottes sanfter Ermutigung überwand er auch seine Schüchternheit und begann im humanitären Bereich zu arbeiten.

Eine besondere Sichtweise über Jesus half Michael. „Jesus offenbart Gottes Natur als nicht kontrollierende Liebe", sagt er. Der Glaube an Gottes Liebe ist beziehungsorientiert, und nicht beherrschende Liebe gibt dem Leben Sinn, weil sie impliziert, dass unser Leben von Bedeutung ist. Im Gegensatz zu einem Diktator braucht der Gott der Liebe unsere Mitarbeit, um seine Ziele zu erreichen.

Gute Führungskräfte arbeiten mit anderen zusammen.

ER BRAUCHT UNS?

Wenn die unverzichtbare Liebes-Synergie wahr ist – und ich glaube, dass sie es ist –, werden viele ihre Sicht auf Gott überdenken müssen. Die meisten haben nicht die Möglichkeit in Betracht gezogen, dass Gott Zusammenarbeit *braucht*, um die Ziele der Liebe zu erreichen. Die meisten haben nicht erkannt, dass die konventionelle Theologie ihre Intuition, dass das was sie tun eine Rolle spielt, nicht unterstützen kann.

Fünftes Kapitel: Gott braucht unsere Zusammenarbeit

Es überrascht nicht, dass die Ansicht, Gott brauche uns, leicht missverstanden wird. Lasst es mich also klarstellen. Ich beginne einmal mit dem, was „Gott braucht uns" *nicht* bedeutet.

Gott braucht weder uns noch andere, damit Gott existieren kann. Gott existiert schon immer und auf ewig. Theologen früherer Zeiten benutzten den lateinischen Ausdruck „*a se*", um dies zu beschreiben. Der Ausdruck bedeutet „an sich". Damit Gott existieren kann, ist Gott nicht von uns abhängig; Gott existiert in Gott selbst. Gott hat in der Vergangenheit immer existiert und wird auch in der Zukunft immer existieren. Nichts könnte das Leben Gottes beenden.

Gott braucht uns auch nicht für sein Handeln. Gott handelt notwendigerweise und nichts, was wir tun, könnte Gott vom Handeln abhalten. Die Schöpfung kann den nicht kontrollierenden Gott nicht kontrollieren. Gott handelt immer und jedes Mal mit Blick auf das Wohl der Schöpfung. Es liegt in Gottes Natur zu existieren und zu handeln.

Um zu existieren und zu handeln, braucht Gott uns nicht.

Wenn ich sage: „Gott braucht uns" gehe ich davon aus, dass Gott immer liebt. Er liebt *immer*. Und ich gehe davon aus, dass, wie der Apostel Paulus es ausdrückt, „die Liebe niemals ihren eigenen Weg erzwingt" (1Kor 13,5 NIV). Niemals! Liebe beherrscht nicht, da es in ihr selbst keinen ausreichenden Grund dafür gibt. Deshalb ist es für einen liebenden Gott unmöglich, andere zu kontrollieren.

Wenn Gott immer liebt, nie kontrolliert und will, dass sich die Liebe in uns und der ganzen Schöpfung auswirken kann, *braucht* Gott unsere Liebesantworten.

Gott kann das nicht!

Die Bedürftigkeit Gottes ist die Bedürftigkeit der Liebe. Die nicht kontrollierende Liebe Gottes befähigt und inspiriert Geschöpfe zur Liebe, aber sie kann sie nicht erzwingen. Gott ruft jedes Geschöpf, das zur Liebe fähig ist, dazu auf, in jeder Situation Liebe auszudrücken. Aber weil Gottes Liebe nicht kontrollierend ist, braucht Gott unsere positiven Antworten, um liebevolle Beziehungen zu uns und anderen zu entwickeln.

Wie „Synergie" beschreiben die Worte „kooperieren" und „mitarbeiten" das Zusammenwirken von Gott und seiner Schöpfung durch gleichgesinnte Zusammenarbeit.

All diese Worte sind hilfreich, aber sie können die logische Priorität von Gottes Handeln nicht ausreichend beschreiben. Es ist sinnvoll zu glauben, dass Gott in jedem Augenblick zuerst handelt und Synergieeffekte ermöglicht. Auf diese Weise hängen die Geschöpfe von Gott ab. Theologen nennen dies „Vorlaufende Gnade" und es besagt, dass Gottes Liebe zuerst aktiv ist und geschöpfliche Reaktionen ermöglicht. Die „unverzichtbare Liebes-Synergie" setzt voraus, dass Gott in Bezug auf seine Schöpfung immer – und notwendigerweise – durch vorlaufende Gnade handelt.

Um Verwirrung zu vermeiden, sollten wir anfangen, dem Leben einen Sinn zu geben, indem wir davon ausgehen, dass Gott uns genau hier und jetzt in seine selbst-gebende, ermächtigende und nicht kontrollierende Liebe einbindet. Und Gott hat die Schöpfung schon immer auf diese Weise geliebt. Wir sollten gar nicht erst anfangen anzunehmen, dass Gott irgendwo da draußen existiert und er sich vielleicht entscheidet uns hier und jetzt zu engagieren. Die Wahrheit ist, dass Gottes Natur eine zutiefst beziehungsorientierte Liebe ist, nicht eine unnahbare Unabhängigkeit.

Fünftes Kapitel: Gott braucht unsere Zusammenarbeit

Ein Gott der immerwährenden Liebe ist immer bei und mit uns und liebt uns gerade jetzt. Aber damit die Liebe gewinnen kann – in jedem Augenblick und in der Zukunft – müssen wir mit Gott in Liebes-Synergie leben. Der Gott, der weder beherrschenden noch kontrollierenden Liebe, braucht gleichgesinnte Zusammenarbeit, damit die Liebe gedeihen kann.

MIT DEN MENSCHEN, DIE LIEBEN

Der Gedanke, dass Gott Zusammenarbeit braucht, ist in der Bibel weiter verbreitet, als die meisten glauben. Weil viele Leser davon ausgehen, dass Gott allein Aufgaben erfüllen und Beziehungen aufbauen kann, übersehen sie das. Sie interpretieren Geschichten so, dass sie sagen, Gott allein habe irgendein Ziel oder irgendeine Aufgabe erfüllt, obwohl dies in den Texten nicht ausdrücklich gesagt wird.

Diejenigen, die die Bibel gut kennen, verweisen oft auf Römer 8,28, um dem Bösen einen Sinn zu geben. Gelehrte übersetzen den Text jedoch auf unterschiedliche Weise, und diese Vielfalt ist von Bedeutung. Lass mich für einen Moment zum „Bibel-Nerd" werden, um vier Übersetzungen zu vergleichen.

Schon als Kind fiel mir Römer 8,28 ins Auge, als ich die *King James Version* der Bibel las. Darin heißt es: „Und wir wissen, dass *alle Dinge* für diejenigen, die Gott lieben, *zum Guten zusammenwirken*, für diejenigen, die nach seinem Vorsatz berufen sind." Ich habe einige Worte in dem Vers kursiv gesetzt, um unsere Aufmerksamkeit auf sie zu lenken.

Diese Übersetzung sagt uns nicht, *wie* alle Dinge zum Guten zusammenwirken. Es bleibt ein Rätsel. Aber diejenigen, die Gott lieben und nach seinem Vorsatz berufen sind, können sich wohl sicher sein, dass alles irgendwie, auf irgendeine

Weise funktioniert. Doch zu einem so entscheidenden Thema wünscht man sich etwas mehr Erklärung!

In der *New American Standard Bible* wird der Vers anders übersetzt: „Und wir wissen, dass *Gott alle Dinge bewirkt, damit sie zum Guten zusammenwirken* für diejenigen, die Gott lieben, für diejenigen, die nach seinem Vorsatz berufen sind."

Das Mysterium ist überwunden. Diese Übersetzer beschreiben Gott als den, der die Fäden zieht. Tatsächlich klingt es so, als ob Gott alle Dinge verursacht! Das klingt nach der Alles-Gott-Sicht, denn der Beitrag der Geschöpfe wird nicht erwähnt. Das impliziert natürlich, dass Gott auch alles Böse verursacht, selbst, wenn es letztendlich zum Guten führt. Die Opfer finden in dieser Übersetzung eher wenig Trost!

In der *New International Version* wird der gleiche Vers hingegen so übersetzt: „Und wir wissen, dass *Gott in allen Dingen zum Wohl* derer *wirkt, die* ihn lieben und die nach seiner Bestimmung berufen sind."

Diese Übersetzung ist besser. Sie sagt nicht, dass Gott alle Dinge verursacht. Sie sagt, dass Gott *in* allen Dingen – mit dem Blick auf das Gute – wirksam ist. Wir können uns dabei leicht vorstellen, dass andere Ursachen – gute oder schlechte – im Spiel sind. Diese Übersetzung passt zu der Sichtweise, die wir im letzten Kapitel untersucht haben: Gott wirkt, um das Gute aus dem Bösen hervorzubringen, das Gott ursprünglich niemals wollte. Und sie betont die liebende Gegenwart Gottes in allen Situationen.

Die *New International Version* trifft allerdings auch – gemeinsam mit den anderen hier zitierten Übersetzungen – eine problematische Aussage. Alle drei besagen, dass Gott alle Dinge für *diejenigen* zum Guten mitwirken lässt, die Gott *lieben*. Das erweckt den Eindruck, als dass Gott nur denen hilft, die ihn im Gegenzug lieben. Diese Übersetzungen suggerieren, dass Gott Favoriten hat, Partei ergreift oder nur seine Freunde liebt. Gott wirkt für die „Guten", aber nicht für alle.

Mir gefällt, wie die *Revised Standard Version* Römer 8,28 übersetzt. Sie stimmt mit der *New International Version* in der Aussage überein, dass Gott *in* allem zum Guten wirkt. Doch beachte die Wörter, die ich in dieser Übersetzung kursiv setze: „Wir wissen, dass Gott in allem zum Guten wirkt *mit denen, die ihn lieben*, die nach seiner Bestimmung berufen sind."

Die *Revised Standard Version* überwindet so das Problem, dass man denken könnte, Gott wirke nur zum Wohle von Freunden oder von Menschen, die ihn im Gegenzug auch lieben. Sie besagt, dass Gott *mit* den Menschen arbeitet, die lieben. Wir leisten unseren Beitrag, und was wir tun, zählt. Wir können uns alle für die Liebe entscheiden, und Gott arbeitet mit den Liebenden zusammen, um Gutes zu bewirken. Das ist die Synergie der Liebe.

Der Gott der Liebe sucht Geschöpfe, die lieben, um Beziehungen der Liebe aufzubauen!

GEBET MIT HÄNDEN UND FÜSSEN

Die unverzichtbare Liebes-Synergie besagt, dass die Geschöpfe mit Gott zusammenarbeiten müssen, damit die Liebe regieren kann. Meine Freundin Nikki bringt schön auf den Punkt, was auf dem Spiel steht: „Wenn Gott mich braucht, um mit seinem liebevollen Plan zu kooperieren, dann brauchen mich die Menschen in meinem Umfeld buchstäblich zum Handeln. Sie brauchen mich, damit ich das tue, was Gott tun will, um Frieden, Harmonie, Gerechtigkeit usw. herbeizuführen."

Die Möglichkeiten, *wie* wir mit Gott zusammenarbeiten können, sind nahezu endlos! Nikkis Hintergrund ist die Sozialarbeit, deshalb schlägt sie Aktionen vor, wie z.B. das Einberufen von sozial engagierten Gesetzgebern, ein öffentliches Brainstorming zur Bekämpfung der Obdachlosigkeit oder die ehrenamtliche Mitarbeit in der Organisation „Big Brothers Big Sisters" (Anm. der Übersetzer: BBBS ist ein internationales 1:1-Mentoring-Programm zur individuellen Förderung von Kindern und Jugendlichen. Darin übernehmen Mentoren eine Patenschaft auf Zeit und engagieren sich ehrenamtlich). Wir können Aktivitäten wie diese oder eine Million andere durchführen. Die Arbeit der Liebe ist facettenreich und lädt zu unzähligen Antworten ein.

Nikki versteht die theologischen Gründe dafür, warum das, was wir tun, von Bedeutung ist. „Gottes Plan schließt Armut, Ungerechtigkeit, Hass, Krieg und Gewalt nicht ein", sagt sie, „deshalb können wir nicht die Augen verschließen und denken, dass Gott dafür sorgen wird, dass die Dinge einfach so zum Guten zusammenkommen."

Die Gott-Schöpfungs-Synergie, die Nikki identifiziert, wurde manchmal als Handeln der Hände und Füße Gottes bezeichnet. Im sechzehnten Jahrhundert verfasste Teresa von Avila ein wunderschönes Gedicht, das dies zum Ausdruck bringt:

Christus hat keinen anderen Leib als deinen
Keine Hände, keine Füße auf der Erde, nur deine
Mit deinen Augen, blickt er mitfühlend auf diese Welt
Deine Füße sind die Füße, mit denen er geht, um Gutes zu tun

Fünftes Kapitel: Gott braucht unsere Zusammenarbeit

Deine Hände sind die Hände, mit denen er die ganze Welt segnet
Deine Hände sind seine Hände, deine Füße sind seine Füße
Deine Augen sind seine Augen, DU BIST SEIN KÖRPER

Ich will damit nicht sagen, dass wir *buchstäblich* Gottes Körperteile sind. Wir sind Geschöpfe des Schöpfers. Ich möchte aber sagen: Der Geist Gottes, der keine physische Erscheinungsform hat, ruft uns auf, unsere Körperlichkeit zu benutzen, um Gottes Liebe auszudrücken und zur Wirkung zu bringen. So wie der Verstand unseren Körper beeinflusst, ohne ihn zu kontrollieren, so beeinflusst Gott auch uns.

Einige beziehen sich auf die obige Liebes-Synergie, indem sie Gott „die Seele des Universums" nennen. „Gott ist in allen Dingen, und wir sollten den Schöpfer in jeder Kreatur sehen", sagte zum Beispiel schon der Theologe John Wesley: „Gott durchdringt und aktiviert den ganzen geschaffenen Raum und ist in einem wahren Sinn die Seele des Universums." [35] Die unverzichtbare Liebes-Synergie erklärt uns, dass die „Seele des Universums" niemanden und nichts kontrollieren kann, so dass sie immer mit unserem Körper zusammenarbeiten muss, um das Wohlbefinden aller auf physischer Ebene zu fördern.

MIT GOTT KONSPIRIEREN

Ein afrikanisches Sprichwort weist auf die Synergie der Liebe hin: „Wenn du betest, bewege deine Füße." Effektives Gebet verlangt nicht, dass Gott die ganze Arbeit tut. Und es liegt auch nicht alles an uns. Erst die Zusammenarbeit macht die Dinge möglich. Das Gebet kann uns mit Gottes Willen in Einklang bringen und gleichzeitig neue Wege öffnen, damit Gott in uns und in der Welt wirken kann.

Der Psychologe und Theologe Mark Gregory Karris fängt die Bedeutung der Liebes-Synergie ein, wenn er von „konspirativem Gebet" spricht. In dieser Form des Gebets „schaffen wir in unserem geschäftigen Leben Raum, unsere Herzen auf Gottes Herz auszurichten, wo unser Geist und Gottes Geist harmonisch miteinander atmen und wo wir gemeinsam daran arbeiten, das Böse mit Taten der Liebe und Güte zu überwinden."

Karris zeigt auf, dass die traditionelle Sichtweise des Bittgebets Gott meist als alleinigen Akteur des Wandels betrachtet. Es ist, als würde man eine Hasenpfote reiben und hoffen, dass etwas Magisches geschieht. „Die Bittsteller glauben, dass, wenn sie nur stark genug und mit den richtigen Worten und dem richtigen Verhalten beten, Gott die Bitte sofort und ohne die Mitarbeit anderer Beteiligter erfüllt." Im Gegensatz dazu, so Karris, ist ein konspiratives Gebet „ein gemeinschaftlicher Dialog, eine Freundschaft, eine Straße in beide Richtungen, ein intimer Tanz zwischen Liebenden." [36]

Mein eigenes Gebetsleben wächst, wenn ich im Licht der nicht kontrollierenden Liebe bete. Ich bitte Gott nicht, andere oder bestimmte Situationen zu kontrollieren. Ich sage nicht: „Gott zwinge sie, anders zu handeln!" Wenn Gott immer liebt und die Liebe nie kontrolliert, ist es fruchtlos Gott zu bitten, andere oder die Umstände zu kontrollieren. Während ich bete, stelle ich mir vielmehr vor, wie ich oder andere mit Gott zusammenarbeiten, damit die Liebe gedeihen kann. Ich bitte Gott, mich zu inspirieren und mit mir zu sprechen.

Wenn ich bete, teile ich meine Sorgen, Bedenken, Bitten und mehr mit. Ich höre auf jede noch so kleine „Stimme" in mir und glaube, dass, auch wenn ich mich vielleicht irre, diese Stimme Gott sein kann, der mich aufruft, auf eine bestimmte Art zu lieben. Ich frage Gott, wie ich eine Rolle dabei spielen könnte, Mitgefühl und Gerechtigkeit in der Welt zu etablieren. Ich danke Gott, dass er über meinen kleinen Einflussbereich hinaus etwas bewirkt hat. Und ich bin gerne bereit, die liebenden Wege Jesu nachzuahmen.

Gebet macht einen Unterschied, wenn unsere Handlungen Gott beeinflussen und Gott selbst nicht kontrollieren kann!

DIE ÜBLICHEN THEORIEN ÜBER DAS LEBEN NACH DEM TOD

Die Logik der nicht kontrollierenden Liebe verändert die Art und Weise, wie wir über das Leben nach dem Tod denken. Die herkömmliche Sichtweise über Gott geht nicht nur davon aus, dass das, was wir jetzt tun, für Gottes Zwecke unnötig ist, sondern auch davon, dass das, was wir nach dem Tod tun, keine Relevanz mehr hat. Die typischen Szenarien des Lebens nach dem Tod sagen oder implizieren, dass Gott allein über unser Schicksal entscheiden kann.

Das häufigste Szenario besagt, dass Gott entscheiden wird, dass einige in den Himmel und andere in die Hölle kommen. Die Sünde eines Menschen kann diese Entscheidung beeinflussen. Ob eine Person „Jesus angenommen" hat oder entsprechend ihrer Glaubenslehre „treu" war, kann diese Entscheidung beeinflussen. Wie eine Person die „Geringsten" auf Erden behandelt hat, kann die Entscheidung Gottes beeinflussen. Wobei nichts von dem, was wir tun, wirklich *essenziell* ist, letztlich liegt doch alles ganz bei Gott. Ein Gott erzwingender Macht kann tun, was immer er will.

Gott kann das nicht!

Das Himmel- oder Höllenszenario geht auch davon aus, dass Gott allein die Kriterien vorgegeben hat, anhand derer unser Schicksal entschieden wird. Gott stellt die Regeln auf, entscheidet, wen er bestraft oder belohnt, und vollstreckt das Urteil. Derjenige, der die Regeln aufgestellt hat, könnte sie auch jederzeit ändern, denn er ist der alleinige Gesetzgeber, Richter und Vollstrecker.

Dieser Gott antwortet auf nichts und niemanden.

Das zweite Szenario besagt, dass Gott jeden in den Himmel aufnimmt. Diese oft als „Universalismus" bezeichnete Sichtweise besagt, dass ein *wahrhaft* liebender Gott niemanden zu ewigen Höllenqualen verdammen würde. Eine Vergeltungsstrafe ewiger Qual passt einfach nicht zu den Verbrechen von achtzig Jahren (mehr oder weniger) irdischer Sünde. Außerdem vergibt ein liebender Gott.

Dieses Szenario geht von Gottes Vorrecht aus, jeden in den Himmel führen zu können. Und da Gott jeden jederzeit kontrollieren kann, ist der Himmel für alle gewährleistet. Das bedeutet aber auch, dass es letztlich keine Rolle spielt, was wir getan haben – ob gut oder schlecht. Unsere Entscheidungen sind für den Gott, der durch ein absolutes Dekret entscheidet, uns alle in den Himmel zu führen, nicht mehr von Bedeutung.

Dieser Gott antwortet auf nichts und niemanden.

Das dritte Jenseitsszenario stimmt darin überein, dass ein liebender Gott niemand ewigen Qualen aussetzen würde. Aber es besagt, dass Gott die Unbußfertigen vernichtet. Gott vernichtet sie entweder in einer Zurschaustellung von Allmacht oder passiv, indem er ihre Existenz nicht aufrechterhält. Gott verursacht oder erlaubt den Tod, den Gott im Alleingang verhindern könnte.

Fünftes Kapitel: Gott braucht unsere Zusammenarbeit

Gottes aktive oder passive Zerstörung löscht die Reuelosen aus. Sie verschwinden. Dabei behält ein Gott, der in der Lage ist alles zu kontrollieren, das letzte Wort darüber, ob jemand weiter existiert. Wenn Sünder nach ihrem Tod Buße tun wollen, ist es zu spät. Gott hat die Regeln aufgestellt und zieht sie durch.

Dieser Gott antwortet auf nichts und niemanden.

In diesen Szenarien des Lebens nach dem Tod spielt unser Handeln *letztlich keine* Rolle. Sie könnten Gottes Entscheidung in die eine oder andere Richtung kippen, aber das müssen sie nicht. Der Richter mit der Fähigkeit zur Kontrolle kann uns im Alleingang retten, verdammen oder vernichten.

Alle drei gehen davon aus, dass Gott ein Rechtssystem für unser Ergehen nach dem Tod eingerichtet hat. Ob das Urteil nun Himmel oder Hölle, den Himmel für alle oder die Vernichtung der Ungläubigen bedeutet: Gott gab in jedem Fall die Regeln vor. Ein Gott, der allein über diese Regeln entschieden hat, behält auch die Fähigkeit, sie zu ändern. Es ist die Sache des Gesetzgebers, des Richters und der Entscheidung eines Einzelnen.

Der Gott, der auf nichts und niemanden antwortet, kann unser Schicksal allein entscheiden.

ENDLOS WIRKENDE LIEBE

Es gibt noch eine andere Art, über das Leben nach dem Tod nachzudenken. Sie baut auf dem radikalen Glauben auf, dass Gott unsere Zusammenarbeit – unverzichtbare Liebes-Synergie – *braucht*, damit die Liebe gedeihen kann. Sie unterstützt unsere tiefsitzende Intuition, dass unsere Entscheidungen von Bedeutung sind. Und sie besagt, dass Gottes Liebe zu *allen*

Geschöpfen immerwährend ist und damit auch über das Grab hinaus andauert.

Diese bessere Alternative stimmt mit den anderen Szenarien überein, dass Gott die letztendliche Quelle unserer Hoffnung auf wahre Freude ist – jetzt und später. Sie stimmt jedoch nicht mit den Szenarien überein, die davon ausgehen, dass Gott allein über unser Schicksal entscheiden kann. Sie besagt, dass Gott *immer* unsere Liebesantworten schätzt und sucht. Wenn wir und andere mit ihm gleichgesinnt zusammenarbeiten, genießen wir Wohlbefinden. Wenn wir das nicht tun, leiden wir.

Nennen wir diese Sichtweise über das Leben nach dem Tod die endlos wirkende Liebe Gottes.

Die Sichtweise der endlos wirkenden Liebe folgt der Logik der nicht kontrollierenden Liebe und erweitert sie auf ewig. Um auf die Details einzugehen, vergleichen wir sie hier mit den Aussagen in Rob Bells Buch *Love Wins* (dt. Titel: *Das letzte Wort hat die Liebe*).

Viele Gedanken in *Love Wins* beziehen sich auf die Hölle. Das Buch macht den Menschen im Alltag bewusst, was Bibelgelehrte seit Jahrhunderten wissen: Die Bibel bietet wenig bis gar keine Unterstützung für die Ansicht, dass die Hölle ein Ort ewiger Qualen ist. Die traditionelle Vorstellung von der Hölle passt nicht zum frühchristlichen Zeugnis der Schrift.

Rob glaubt jedoch an eine Art von Hölle: „Wir schaden uns selbst sehr, wenn wir das eigentliche Wesen Gottes, nämlich die Liebe, mit den sehr realen Konsequenzen verwechseln, diese Liebe abzulehnen und ihr zu widerstehen. Denn das schafft Umstände, die wir Hölle nennen", sagt er. Die Ablehnung der Liebe Gottes „bewegt uns weg von ihr... und das wird per Definition eine zunehmend lieblose, höllische Realität sein."[37]

Ich stimme Rob zu. Was er „Hölle" nennt, nenne ich die natürlichen negativen Folgen, wenn man sich gegen eine Zusammenarbeit mit der Liebe Gottes entscheidet.

Der wichtigste Punkt bei *Love Wins* ist, dass unser Gottesverständnis auch unsere Überzeugungen darüber prägen sollte, was nach dem Tod geschieht. Wir haben den besten Realitätssinn, wenn wir glauben, dass Gottes Natur die Liebe ist. Ein liebender Gott würde niemanden zu ewiger Qual verdammen. Gott liebt *immer alle Menschen* und *die ganze* Schöpfung. Rob und ich sind uns darin einig.

Meiner Ansicht nach schickt Gott niemanden im Alleingang in die „Hölle". Tatsächlich *kann* Gott das nicht. Und *der* Gott, dessen Natur nicht beherrschende Liebe ist, kann auch niemanden in den Himmel zwingen. Solche gewaltsamen Aktionen erfordern Kontrolle, und Gottes Liebe ist von Natur aus nicht kontrollierend. Soweit ich das beurteilen kann, erhebt auch Rob diesen Anspruch nicht.

Das Buch *Love Wins* macht keine klare Aussage, was es bedeutet, dass die „*Liebe siegt*". Bedeutet „siegen", dass Gott nie aufhört zu lieben? Oder bedeutet es auch, dass die Liebe Gottes letztendlich alle zur Zusammenarbeit bewegt? Und ist das eine Garantie oder nur eine Hoffnung, dass Gottes Liebe das schafft?

DIE GARANTIEN DER LIEBE

Die Sichtweise der endlos wirkenden Liebe garantiert, dass die Liebe auf mehreren Wegen siegt.

Erstens wird der Gott, dessen Natur bedingungslose, nicht kontrollierende Liebe ist, *niemals* aufhören, uns zu lieben. Da die Liebe in Gottes Natur an erster Stelle steht, *kann* Gott *nicht* aufhören, uns zu lieben.

Konventionelle Theologien sagen, dass Gott uns jetzt lieben kann – oder auch nicht, und dass Gott uns auch nach unserem Tod lieben kann – oder auch nicht. Gott könnte auch wählen, uns zu foltern oder zu töten. Es ist bereits schwer vorstellbar, dass eine wahrhaft liebende Person andere ewig in die Hölle schickt oder sie vernichtet. Doch der Gott der endlos wirkenden Liebe liebt zudem kompromisslos und für *immer!*

Es ist garantiert, dass der Gott der endlosen Liebe jetzt und immerfort an unserem Wohlergehen wirkt. Die Liebe siegt.

Die zweite Garantie, die uns die endlos wirkende Liebe anbietet, ist, dass auch diejenigen die im Leben nach dem Tod „Ja" zu Gottes Liebe sagen, himmlische Glückseligkeit erfahren. Sie genießen das Leben im Überfluss entweder in einem anderen (geistigen) Körper oder als körperlose Seele (siehe meine Erörterung dieser Optionen in Kapitel vier). Denjenigen, die „Ja" zu Gottes Liebe sagen, wird ewiges Leben garantiert.

Es ist garantiert, dass diejenigen, die mit Gottes endloser Liebe zusammenarbeiten, ewige Glückseligkeit genießen. Die Liebe siegt.

Die dritte Garantie ist, dass Gott *nie* aufhört, uns zur Liebe einzuladen, zu rufen und zu ermutigen – auch nicht im Leben nach dem Tod. Auch wenn einige sich widersetzen mögen, wirft Gott niemals das Handtuch; er wirkt weiter. Die Verweigerung der Liebe in diesem und im nächsten Leben hat natürliche negative Folgen. Aber diese Konsequenzen sind selbst auferlegt und nicht göttlich bestimmt. Gott bestraft nicht diejenigen, die sich einer liebenden Beziehung verweigern, aber Gott kann die natürlichen negativen Folgen, die sich aus dem

Fünftes Kapitel: Gott braucht unsere Zusammenarbeit

„Nein" zur Liebe ergeben, nicht verhindern. Gott schickt niemanden in die Hölle, vernichtet niemanden und hört niemals mit der Einladung auf, seine Liebe zu ergreifen.

Es ist garantiert, dass Gott immer ewiges Leben anbietet und niemals vernichtet oder zur Hölle verdammt. Die Liebe siegt.

Wenn wir konsequent „Ja" zu Gott sagen, entwickeln wir liebevolle Charaktere. Die Gewohnheiten der Liebe formen uns zu liebenden Menschen. Während Gottes Liebe immer Wahlmöglichkeiten bietet, entscheiden sich diejenigen, die durch beständige positive Reaktionen liebevolle Charaktere entwickeln, immer seltener für lieblose Optionen. Dieses mag schnell geschehen oder mehr Zeit in Anspruch nehmen. Aber wenn wir „schmecken und sehen", wie gut die Liebe ist, und wenn die Liebe unseren geistlichen Körper auferbaut, werden wir weniger Lust auf Junkfood haben! Spätestens jenseits des Grabes werden wir für unser Vertrauen in die Liebe rehabilitiert. Wir werden garantiert zu neuen Kreaturen, wenn wir mit der Liebe zusammenarbeiten!

Es ist garantiert, dass die konsequente Zusammenarbeit mit der endlosen Liebe Gottes in uns liebevolle Charaktere aufbaut. Die Liebe siegt.

Diese Sicht der endlos wirkenden Liebe kann jedoch eines nicht garantieren. Sie kann nicht garantieren, dass jedes Geschöpf mit der Liebe Gottes zusammenarbeitet. Aber so ist die Liebe: Sie zwingt niemandem ihren eigenen Weg auf (1Kor 13,5 NIV). Liebe ist immer frei von Kontrolle.

Da Gottes Liebe aber beharrlich und endlos wirksam ist, haben wir guten Grund zur *Hoffnung, dass* alle Geschöpfe schließlich mit Gott zusammenarbeiten werden. Es ist vernünftig zu glauben, dass der Gott, der niemals aufgibt und dessen Liebe universell ist, schließlich alle Geschöpfe überzeugen und die ganze Schöpfung erlösen wird. Schließlich hofft die Liebe immer und gibt niemals auf (1Kor 13,7)!

Wir haben bereits festgestellt, dass konventionelle Ansichten davon ausgehen, dass Gott allein die Regeln für das endgültige Urteil aufstellt. Die konventionellen Szenarien besagen, dass Gott auf nichts und niemanden antwortet. Gott legt die Regeln frei fest, urteilt und setzt dann die Konsequenzen um. Gott allein entscheidet alles.

Bei endlos wirkender Liebe liegen die Dinge anders. Gott hat die Regeln des Gerichts nicht vor langer Zeit im Alleingang festgelegt. Vielmehr sind Gottes liebende Wege notwendige Ausdrucksformen von Gottes liebender Natur. Der Gesetzgeber, Richter und Umsetzer von Konsequenzen ist an die Logik seiner göttlichen Liebe gebunden. Weil Gott „sich selbst nicht verleugnen kann" (2Tim 2,13), drückt Gott sich jetzt und in Zukunft allein in nicht kontrollierender Liebe aus.

Gott antwortet auf Gottes eigenes Wesen der Liebe.

Zusammenfassend lässt sich sagen, dass die Glückseligkeit über das Grab hinaus vor allem, aber nicht ausschließlich, in der endlos wirkenden Liebe Gottes ruht. Gott schenkt uns allen weiterhin Freiheit und sucht die Zusammenarbeit. Was wir als Antwort auf Gottes Liebe tun, hat jetzt und im Leben nach dem Tod Bedeutung.

Die Liebe siegt!

ANGST VOR NICHT KONTROLLIERENDER LIEBE

In diesem Buch begegnest du vielleicht zum ersten Mal der Überzeugung, dass Gott nicht kontrollieren kann. Vielleicht

Fünftes Kapitel: Gott braucht unsere Zusammenarbeit

hast du das schon intuitiv so vermutet, aber dies könnte die erste vollständige Artikulation deiner Intuitionen sein. Ich glaube, dass viele sich diese Gedanken zu eigen machen werden. Aber ich vermute auch, dass andere das nicht tun werden. Einige werden sich der nicht kontrollierenden Perspektive der Liebe Gottes entschieden widersetzen. Warum?

Dafür könnte es viele Gründe geben. Wie wir gesehen haben, sind einige der Meinung, die Bibel verlange den Glauben daran, dass Gott andere beherrscht oder kontrollieren könnte. Andere denken, dass Gott einige bestraft und andere belohnt. Einige denken, Gott habe seine Favoriten und liebe nur bestimmte Leute und andere nicht. Andere denken, dass Gott sich dafür entscheidet, einige zu heilen, andere aber nicht. Einige denken, Gott sei unnahbar und unbeeinflussbar. Andere denken, dass Gott Tiere, kleinere Geschöpfe und Organsimen kontrolliert. Einige glauben, Gott habe einen vorherbestimmten Plan, der über alles entscheidet. Andere meinen, sie seien zu verdorben, um zu Gottes Werk etwas beizutragen. Einige denken, Gott regiere durch souveräne Macht, statt durch seinen zwanglosen, liebenden Einfluss, um Beziehungen herzustellen. Andere denken schließlich, dass die Liebe nicht gewinnen kann, wenn Gott nicht kontrollieren kann. Aus der Perspektive der nicht kontrollierenden Liebe sind all diese Gründe ein Irrtum.

Viele, die zum ersten Mal von der Sicht der nicht kontrollierenden Liebe hören, fürchten ihre scheinbaren Auswirkungen. Das war auch meine Reaktion, als ich zum ersten Mal darüber nachdachte. Es ist zunächst ein beunruhigender Gedanke, dass Gott heute niemanden beherrscht und auch in Zukunft nicht kontrollieren kann.

Doch wenn man glaubt, dass Gott die Welt kontrollieren kann oder will, macht das die Welt – entgegen unseres Gefühls – trotzdem nicht sicherer! Wir alle leiden immer noch und einige leiden sehr stark. So viel Böses geschieht. Der Glaube, dass Gott die Kontrolle hat oder alles beherrschen könnte, verleitet uns zu der Annahme, dass selbst die schlimmsten Gräueltaten Teil eines Plans sind. Diese Versuchung führt von der Wahrheit weg! Wenn man ihr nachgibt, werden viele glauben, Gott sei ein Mysterium, ein Ungeheuer oder gar nicht existent.

Die Auseinandersetzung mit den Fragen der Angst erweist sich als entscheidend, wenn sich die nicht kontrollierende Liebesperspektive auf breiter Ebene durchsetzen soll. Auch die Auseinandersetzung mit *deinen* Ängsten kann sich als entscheidend erweisen. Lass mich dir dieses wichtige Anliegen mit einigen sehr persönlichen Gedanken näherbringen.

MEINE ANGST

Manchmal habe ich Angst. Einige meiner Ängste sind berechtigt, andere nicht. Das Erkennen von echter und unpassender Angst ist für mich eine ständige Aufgabe. Mein Ziel ist es, ein Leben zu führen, das nicht von Angst beherrscht wird, sondern mutig nach meinen Überzeugungen über die Liebe zu leben. Das ist mein Ziel, aber manchmal scheitere ich daran.

Gott war einst die Quelle meiner größten Ängste. Ich hatte Angst davor, was Gott mir jetzt oder nach meinem Tod antun könnte. Ich betrachtete mich als Sünder in den Händen eines zornigen Gottes. Viele Menschen, denen ich begegne, haben oder hatten ebensolche Angst vor Gott.

Jetzt fürchte ich mich nicht mehr vor Gott. Es hat eine Weile gedauert, bis ich dort angekommen bin, wo ich heute

Fünftes Kapitel: Gott braucht unsere Zusammenarbeit

bin. Ich musste angstbasierte Theologien überwinden. Ich erkannte, dass die Aufforderung des Alten Testaments Gott zu fürchten, viel besser als „respektieren" und „wertschätzen" zu interpretieren ist. Ich kam zu der Überzeugung, dass biblische Geschichten, die Gott als rachsüchtig darstellen, ungenau sind, da sie menschliche Vorstellungen auf Gott projizieren. Ich musste viele Stimmen in Kultur, Kirche und Geschichte ignorieren, weil dort ein falsches Verständnis von Gottesfurcht gepredigt wird.

Der Schlüssel zur Überwindung meiner Angst war die Erkenntnis, dass Gott mich immer liebt. Gottes vollkommene Liebe vertrieb meine Furcht vor Gott. Ich glaube jetzt nicht mehr, dass Gott Böses verursacht oder zulässt, und ich glaube auch nicht mehr, dass Gott bestraft. Ich habe keine Angst davor, dass Gott mich ablehnt oder verlässt, und ich habe keinen Grund das Leben nach dem Tod zu fürchten. Ich bete von Zeit zu Zeit: „Ich habe keine Angst vor dir, Gott, weil ich weiß, dass du mich liebst!"

Dieser Angst zu entkommen war so positiv und befreiend! Ich habe nun Lebensfreude und glaube, dass Gott lebensbejahend ist. Liebe gibt meinem Leben Sinn. Tatsächlich ist diese Liebe der wichtigste Grund, warum ich dieses Buch geschrieben habe!

Ich habe aber noch andere Befürchtungen. Manchmal habe ich Angst davor, was staatliche oder religiöse Führer mir antun könnten. Ich fürchte, dass ich auf ungesundes Verlangen nach Ruhm, Macht und Reichtum reinfallen könnte. Ich habe Angst, dass meine Kinder törichte Entscheidungen treffen werden. Ich fürchte, dass ich sterben könnte, bevor ich alt werde, obwohl ich auch die Schmerzen des Altwerdens fürchte. Ich habe

Angst davor sexuelle Entscheidungen zu treffen, die meine Frau und andere verletzen. Ich habe Angst davor, wie die Erde für mich und für andere einmal aufgrund des Raubbaus an der Natur aussehen wird. Ich fürchte Gewalt, Krieg und Folter. Ich habe Angst, dass ich verraten oder zu Unrecht beschuldigt werde. Ich habe Sorge, dass ich es leid werde, für das Richtige zu kämpfen. Ich habe Sorge, dass meine Entscheidungen aus der Vergangenheit das zukünftige Glück behindern werden. Und so weiter.

Doch ich bin nicht paranoid. Die Furcht beherrscht mich nicht und ich vermute, dass ich weniger Ängste habe als die meisten Menschen. Aber manchmal habe ich Angst.

Meine Befürchtungen lassen sich auf zwei Arten zusammenfassen: Die erste ist meine Angst, dass ich mich in dem einen oder anderen Moment töricht verhalten werde. Ich fürchte, dass ich das liebende Beste, zu dem Gott mich berufen hat, nicht erkenne und mich für etwas weniger Gutes entscheide. Ich fürchte, dass ich mich für vorübergehende Freude entscheide und das wahre Glück verpasse. Mit anderen Worten: ich fürchte die natürlichen negativen Folgen, die sich aus meinem Versagen zu lieben ergeben.

Die zweite Art von Furcht ist, dass andere sich ebenfalls für weniger als für Gottes liebendes Bestes entscheiden. Mit anderen Worten, ich fürchte die natürlichen negativen Folgen der Sünde *anderer* Menschen. Ich will nicht für das Unrecht leiden, das andere tun und ich will auch nicht, dass andere leiden. Ich will nicht, dass unsere Lebensqualität von Übeltätern untergraben wird. Ich will das Gemeinwohl.

Obwohl ich keine Furcht vor Gott habe, fürchte ich die natürlichen negativen Folgen der Sünde.

Fünftes Kapitel: Gott braucht unsere Zusammenarbeit

DER SCHUTZ DER LIEBE

Meine Ängste sind in bedrohlichen Zeiten am größten. Ich kann mich und meine Lieben nicht immer schützen. Ich gebe mein Bestes, aber wenn ich verletzlich bin oder angegriffen werde, suche ich natürlich Schutz.

Wie Überlebende von Missbrauch und Tragödien wissen, kann Gott uns *nicht* immer schützen. Das Böse ist real, und die reale Welt hat so viel davon. Wenn Gott uns im Alleingang durch Kontrolle schützen könnte, hat er bei der Arbeit geschlafen! Verletzte Menschen wie du und ich wurden nicht immer aus ihren Umständen gerettet.

Göttlicher Schutz durch Zwang und Kontrolle ist ein Mythos.

Oft *sind* wir jedoch geschützt – zumindest teilweise. So schlimm die Dinge auch gewesen sein mögen – wir wurden vor etwas Schlimmerem bewahrt. Wir sind dem entgangen, was eine massive Katastrophe hätte werden können, oder wir spüren einen sicheren Schutzwall.

War das Gott? Wenn ja, warum schützt Gott dann nicht öfter? Wie erklären wir, wann wir geschützt worden sind und wann *nicht*?

Das Prinzip der nicht beherrschenden, nicht kontrollierenden Liebe Gottes gilt auch in Bezug auf den Schutz Gottes. Gott *wirkt* zwar *immer* zum Schutz, aber Schutz ist niemals einseitig. Geschöpfe spielen immer eine Rolle. Da Gott von Augenblick zu Augenblick liebt, können sich Geschöpfe – Menschen, Tiere oder andere Wesen – mit Gott verbinden, um diejenigen zu schützen die in Gefahr sind. Oder die Bedingungen, unter denen Geschöpfe leben, können förderlich sein, um uns zu beschützen.

Um „Schutz" besser zu verstehen, kehren wir zur unverzichtbaren Liebes-Synergie zurück. Gott kann nicht *allein* schützen. Gottes Wirksamkeit, um uns zu schützen wird maximiert, wenn die Schöpfung mit Gott gleichgesinnt zusammenarbeitet und die Bedingungen stimmen.

Dann schließen sich freiwillig handelnde Akteure mit Gott zusammen, um die Schwachen zu schützen. Dann arbeiten weniger komplexe Einheiten und Akteure mit Gottes schützendem Werk zusammen. Dann sind die Umweltbedingungen richtig. Und manchmal haben wir einfach nur Glück. Gottes liebender Schutz erfordert kohärente, geschöpfliche Energien: unverzichtbare Liebes-Synergie.

Liebe kann sich offensiv und defensiv ausdrücken. Du und ich sind aufgerufen, auf Gottes Ruf zu antworten, schöpferische Werke der Liebe zu tun – in die Offensive zu gehen. Und wir sind ebenso aufgerufen, auf Gottes Ruf zu antworten, die Verwundbaren, die Schwachen und den Planeten zu schützen – das ist defensive Liebe.

Wir können das Mittel sein, mit dem Gott die Exponierten beschützt und abschirmt. Dazu kann der Schutz von Kindern vor Missbrauch oder kulturellen Kräften gehören, die sie niederreißen könnten. Gott kann uns berufen, Familie und Freunde vor Drogen- oder Alkoholmissbrauch zu schützen. Es kann bedeuten, die Älteren vor Betrügereien oder die Einwanderer vor Vorurteilen zu schützen. Es kann auch bedeuten, Tiere und die Umwelt zu schützen. Es kann bedeuten, dass wir uns gegen Tyrannen verschiedener Art zur Wehr setzen müssen. Und so weiter. Gott ruft uns auf, die Ausgegrenzten, Wehrlosen und die von Ungerechtigkeit Betroffenen zu schützen.

Gottes Schutz erfordert kooperierende Geschöpfe.

Fünftes Kapitel: Gott braucht unsere Zusammenarbeit

SCHUTZ FÜR DAVE

„Ich danke Gott, dass ich sicher und beschützt geblieben bin", sagte Dave kürzlich in einer Nachricht, „denn mir ist nicht passiert, was so vielen Freunden und Angehörigen passiert ist: sie sind tot."

Es mag für Dave seltsam erscheinen, über Schutz zu sprechen. Schon in jungen Jahren wurde er verlassen, sexuell missbraucht und litt später unter zerbrochenen Beziehungen. Sein Selbstwertgefühl stürzte ab und er wurde Opfer von schwerem Mobbing.

Daves Mutter starb mit Anfang vierzig. Andere Freunde und Familienmitglieder starben ebenfalls viel zu früh. „Ich konnte es nicht genau sagen", sagt er, „aber es gab immer etwas, das mir den Mut gab weiter zu machen und die Hoffnung nicht aufzugeben."

Verschiedene Menschen und Umstände halfen Dave. Sie schlossen sich mit Gott zusammen, um dem Chaos entgegenzuwirken. Während er unter den Taten der Übeltäter litt, dankt er auch denen, die ihn vor weiterem Übel bewahrten.

Vor allem gibt Dave Gott die Ehre. „Durch deine Schriften und die Schriften anderer bin ich zu der Erkenntnis gelangt", schrieb Dave mir in einer Nachricht, „dass Gott das Schlechte, das ich erlitten habe, nicht gewollt hat. Das geschah vielmehr, weil die Menschen nicht dem Weg folgten, den Gott wollte."

Dave denkt jetzt über sein Leben durch die nicht kontrollierende Liebesperspektive nach. „Gott konnte meine Eltern nicht dazu zwingen, mich nicht zu verlassen. Und Gott konnte den männlichen Schänder nicht mit Gewalt aufhalten, der mir vom elften bis zu meinem achtzehnten Lebensjahr nachstellte", schrieb Dave. Aber „Gott war glücklich, als meine Eltern sich entschieden, mich zu besuchen. Und Er war glücklich, als mein Vergewaltiger verreiste, anstatt mir aufzulauern."

Seelsorge hilft Dave, seinen Schmerz zu verarbeiten. Sie hilft ihm, Gott als jemanden zu sehen, der uns schützen will. „Mein liebender Gott freut sich, wenn wir die Hilfe suchen, die wir brauchen, um diese Probleme zu überwinden", sagt er.

Als Dave im Stich gelassen, missbraucht und schikaniert wurde, schrumpfte sein Selbstwertgefühl. Er hielt sich für wertlos. Er bezweifelte, dass Gott ihn als wertvoll betrachtete.

Dave weiß jetzt, dass er ein Kind Gottes ist, nach Gottes Bild geschaffen. Und dieses Selbstwertgefühl motiviert ihn dazu, Dinge zu tun und Organisationen beizutreten, die anderen helfen. Er schließt sich Gottes Werk an, um diejenigen zu schützen, die so gelitten haben wie er.

AIN'T I A WOMAN?! (BIN ICH NICHT EINE FRAU?!)

Die nicht kontrollierende Perspektive der Liebe Gottes besagt, dass das was wir tun – ja, was wir *alle* tun – wichtig ist. Die radikale Wahrheit ist, dass unser Leben zählt.

In vielen Ohren kann das eine wahrhaft gute Nachricht sein! Es ist verständlich, dass Überlebende, die unterdrückt, verlassen oder von Tragödien und Krankheiten überwältigt wurden, denken könnten, dass ein Gott, der ihr Leiden hätte verhindern können, sich nicht um sie kümmert. Wenn sie jedoch erfahren, dass Gott ihr Leiden leider *nicht* hätte verhindern können, werden sie frei von dem Gedanken, dass Gott sie im Stich gelassen hat. Gott hat ihren Schmerz nicht verursacht noch zugelassen. Stattdessen leidet Gott mit ihnen und wirkt so weit wie irgend möglich, um sie zu heilen.

Fünftes Kapitel: Gott braucht unsere Zusammenarbeit

Das Leben der Geschädigten und Verletzten ist Gott zutiefst wichtig! Fast alle von uns haben manchmal mit einem geringen Selbstwertgefühl zu kämpfen. Wir fragen uns nach unserem Wert und kämpfen mit Selbstzweifeln. Die Angegriffenen, Schikanierten und Vernachlässigten kämpfen noch mehr. Es ist nicht leicht für sie, ein Gefühl des Vertrauens und der Selbstachtung zurückzugewinnen.

Denke zum Beispiel an den Kampf um Selbstachtung, den ein Opfer des Sexhandels führt. Von zu Hause entführt, eingesperrt und wiederholt als Objekt verkauft hat es große Schwierigkeiten zu glauben, dass das eigene Leben eine Rolle spielt. Die Wiederherstellung des Selbstwertgefühls braucht viel Zeit. Manche Überlebende des Menschenhandels erfahren in diesem Leben keine vollständige Heilung. Es fällt ihnen schwer zu begreifen, dass Gott sie als Partner betrachtet, die nach seinem Ebenbild geschaffen und zur Liebe fähig sind.

Aber es gibt auch kraftvolle Geschichten der Hoffnung!

In ihrem Buch und Film *„Half the Sky: Turning Oppression into Opportunity for Women Worldwide"* (übersetzt etwa: *Der halbe Himmel: Unterdrückung zu einer weltweiten Chance für Frauen umwandeln*) erzählen Nicholas Kristof und Sheryl WuDunn Geschichten von Frauen, die unter Sexualverbrechen, Zwangsprostitution und Sexhandel zu leiden haben. Sie sprechen ehrlich über den schrecklichen Missbrauch. Ihre Berichte über das Wiedererlangen eines Selbstwertgefühls bewegen mich. Viele mutige Frauen und Organisationen kämpfen darum, Überlebende zu retten und sie zu rehabilitieren. Sie arbeiten mit Gott zusammen, um die Schwachen zu schützen. Die Zerbrochenen *sind* auf dem Weg der Besserung.

Wenn ich an die Unterdrückten denke, die eine Stimme finden, denke ich auch an diejenigen, die der Sklaverei entkommen sind und für ihre grundlegenden Menschenrechte gekämpft haben. Ich denke an Sojourner Truth, eine schwarze Frau in Amerika, Mitte des neunzehnten Jahrhunderts. Truth argumentierte in ihrer Rede „Ain't I a Woman?!" („Bin ich nicht eine Frau?!") für ihren fundamentalen Wert. Trotz der Misshandlungen, die sie als Sklavin erlitt, stand sie für die Würde von Frauen, Schwarzen und Unterdrückten ein.

Ich könnte weitermachen.

Ich möchte nicht den Eindruck erwecken, dass nur solche dramatischen und äußerst mutigen Handlungen zählen. Manchmal ist das Beste, was wir tun können, alles andere als heldenhaft. Inmitten schrecklicher Übel, Depressionen und Schmerzen ist das Beste, was wir manchmal tun können, am Leben zu bleiben. Zu sagen: „Ich bin immer noch hier!", ist vielleicht die liebevollste Handlung, die wir für uns selbst tun können. Nur *einen* weiteren Schritt oder *einen* weiteren Atemzug zu tun, ist vielleicht alles, was Gott angesichts unserer Umstände von uns wünscht.

Ob wir heroisch handeln, einfach nur am Leben bleiben – oder etwas dazwischen: Gott ist glücklich, wenn wir unser Selbstwertgefühl stärken.

LEBENDIG, GESUND UND MUNTER...

In den letzten Jahren war mein Leben schwierig. Ich wurde zu Unrecht aus einem Job entlassen, den ich als Theologieprofessor liebte. Angesichts dieser Ungerechtigkeit ertrug ich Prozesse, Kritik, Lügen und mehr. Meine Geschichte wurde landesweit bekannt, und die emotionale Belastung war enorm.

Fünftes Kapitel: Gott braucht unsere Zusammenarbeit

Meine Frau und ich haben während dieser Tortur einen enormen psychischen Preis bezahlt. Wir weinten... sehr viel! Wir haben unter Stress abgenommen und wollten manchmal nicht in der Öffentlichkeit gesehen werden. Glücklicherweise ermutigten uns viele Menschen, opferten sich für uns auf und kamen uns zur Hilfe. Aber dies waren die schlimmsten Tage unseres Lebens.

Seit der Entlassung habe ich als Professor keinen weiteren Lehrstuhl erhalten. Das ist nun über drei Jahre her. Der Markt für Theologen wie mich ist dünn. Ich habe mich um Stellen beworben und war einige Male Finalist, aber mehr auch nicht.

In diesen schwierigen Zeiten versuche ich zu erkennen, wie Gott will, dass ich liebe. An vielen Tagen spüre ich, dass Gott will, dass ich meine Frau ermutige. Diese Zeit der Unsicherheit und des verringerten Einkommens entmutigt sie. Mein Bemühen zu lieben schließt ein, ihr zu helfen, mit Schmerz und Unsicherheit umzugehen.

Ich lerne auch, mich besser in andere einzufühlen, die leiden. Auch, oder gerade in Menschen, deren Lebensumstände viel schwieriger sind als meine. Ich versuche, aus dieser negativen Erfahrung zu lernen. „Meine Situation ist nicht annähernd so schlimm wie das, was andere ertragen müssen", erinnere ich mich. Ich beschließe, mich für die Unterdrückten, Vernachlässigten und Misshandelten einzusetzen.

Meine Zuversicht ist in den letzten drei Jahren gestiegen – und gefallen. An manchen Tagen sage ich: „Ich werde mit Gott zusammenarbeiten, um etwas Gutes aus dem Bösen herauszuholen, das Gott ursprünglich nie gewollt hat." Also schreibe ich Bücher und Artikel. Ich spreche an Universitäten, auf Konferenzen und in Kirchen. Ich berate und ziehe Berater hinzu.

Gott kann das nicht!

Ich lächle selbstbewusst, wenn ich Freunde und Bekannte sehe. Ich mache das Beste aus einer schlechten Situation.

Doch an manchen Tagen zieht es mich auch schonmal richtig runter. Ich fühle mich deprimiert. Ich weine. Das Gewicht von allem drückt auf meine Schultern. Das Beste, was ich dann tun kann ist, einen Fuß vor den anderen zu setzen. Ich überlebe.

Freunde fragen manchmal: „Wie geht es dir?" Ich weiß oft nicht, wie ich reagieren soll. Fragen sie, wie ich mich durch die Entlassung, die damit verbundene Tortur oder meine Arbeitssuche fühle? Oder stellen sie einfach eine höfliche Frage zur Begrüßung?

Ich möchte nicht, dass meine Antwort die Fragesteller belastet. Es gibt keine Notwendigkeit, meine Lasten auf Schultern zu verlagern, die sie nicht tragen können oder wollen. Aber ich möchte auch offen und verletzlich gegenüber denen sein, die sich wirklich sorgen. Es ist schwer eine gute Antwort zu geben.

Ich habe angefangen auf Fragen wie: „Wie geht es dir?" mit: „Ich lebe und bin gesund und munter..." zu antworten.

Diese Antwort gibt zwei zutreffende Gefühle wieder. An manchen Tagen fühle ich mich zuversichtlich. Meine Antwort sagt zu Recht, dass ich entschlossen bin, etwas zu bewirken. Ich kämpfe „den guten Kampf". An manchen Tagen, an denen es mir an Selbstvertrauen fehlt, drückt meine Antwort aus, dass ich einfach lebe und mich bewege. Noch einen Schritt weiter. Noch einen Atemzug.

Weil ich glaube, dass Gott nicht beherrscht und nicht kontrollieren kann macht das, was ich in jedem Augenblick tue, einen Unterschied. Wenn ich zuversichtlich bin und Ziele erreiche, ist mein Leben auf eine Weise wichtig, die mir wichtig erscheint. An Tagen, an denen ich nicht zuversichtlich bin, mich niedergeschlagen oder deprimiert fühle, ist mein Leben auf eine Art und Weise wichtig, die einfach darauf hinausläuft, einen weiteren Moment zu erleben, einen weiteren Atemzug zu nehmen, mich einen weiteren Zentimeter zu bewegen. Und auch das zählt.

GLAUBENSÜBERZEUGUNG NR. 5 – GOTT BRAUCHT UNSERE ZUSAMMENARBEIT

Meine Freundin Donna wurde kürzlich für einen Podcast interviewt. Sie sprach über die Stellungnahmen, die ihre Philosophiestudenten am Ende eines Semesters eingereicht haben. Donna hatte die Studenten gebeten, brutal ehrlich darüber zu sein, was sie sich im Leben am meisten wünschen. Immer wieder stellte sie zwei Wünsche fest: Liebe und Bedeutung.

Donna sagte, mit „Liebe" würden ihre Studenten meinen, dass sie sich geliebt fühlen und andere lieben wollten. Mit „Bedeutung" würden sie meinen, dass sie etwas tun oder Teil von etwas sein wollten, was einen Unterschied macht. Sie wollten, dass ihr Leben zählt.

Die fünfte Glaubensüberzeugung, die wir brauchen, um unser Denken und Leben wiederherzustellen, besagt, dass Gott unsere Kooperation braucht. Ich nenne dies unverzichtbare Liebes-Synergie. Wenn Gott immer liebt, nie kontrolliert und will, dass die Liebe regiert, *braucht* Gott Liebesantworten. Das bedeutet, dass unser Leben zählt. Du bist *wirklich* wichtig! Diese radikale Idee bekräftigt, was Donnas Studenten am meisten wollen: Liebe und Bedeutung.

Gott drückt sich in diesem und im nächsten Leben in Form nicht kontrollierender Liebe aus. Gott schickt niemals

Menschen in die Hölle, vernichtet sie oder zwingt Geschöpfe in den Himmel. Gottes endlos wirkende Liebe gibt weder jetzt noch im Leben nach dem Tod auf.

In manchen Momenten mag das liebevolle Beste, zu dem Gott uns beruft, sehr tiefgreifend sein. In anderen Momenten ist das Beste, das wir aufbringen können, gering: Wir entscheiden uns einfach dafür, erneut im Jetzt zu leben, so gut wir es können. Gott sucht unsere Liebe, nicht unerreichbare Vollkommenheit. Und unsere positiven Antworten auf Gott führen uns zum Erblühen.

Wenn wir mit den Möglichkeiten der Liebe – egal wie groß oder gering – zusammenarbeiten, sind wir Partner des Gottes des gesamten Universums. Jeder – ja, eigentlich jedes Geschöpf – macht dabei für Gott einen Unterschied.

Fragen

1. Was hältst du von dem Gedanken, dass Gott uns braucht, damit die Liebe gedeihen kann?

2. Warum gelingt es den Ansichten „Kein-Gott" und „Alles-Gott" nicht zu vermitteln, dass unser Leben von Bedeutung ist?

3. Warum bedeutet die Ansicht, dass Gott kontrollieren könnte, dass Gott herablassend ist?

4. Was sagt die Sicht der endlos wirkenden Liebe über das Leben nach dem Tod aus?

5. Wie wirkt Gott, um uns zu schützen?

6. Warum ist es wichtig zu sagen, dass unser Leben – ja, das Leben eines *jeden* von uns – von Bedeutung ist?

7. Wie könnte Gott dich zur Zusammenarbeit mit seiner Liebe berufen?

Postskriptum

Ein Jahr vor meinem zwanzigsten Geburtstag sind sechs wichtige Menschen in meinem Leben gestorben.
Mein Freund Jay starb, als sein Auto nach den Weihnachtsferien auf dem Weg zum College von einer Klippe rutschte. Die Mutter meines besten Freundes, Vivian, starb an einem Herzinfarkt. Mein Onkel Leonard starb an einer Kreuzung, als ein alkoholkranker Fahrer ein Stoppschild überfuhr. Mein Opa Tom starb, als sich Tumore in seinem Magen ausbreiteten. Meine frühere Freundin Tammy starb, als das Auto in dem sie saß, sich auf einer Autobahn überschlug. Und meine Studienkollegin Stephanie starb an einer Krankheit, mit der sie einen Großteil ihres Lebens gekämpft hatte.

Schon vor diesen tragischen Todesfällen hatte ich über Gottes Rolle in Bezug auf Gut und Böse nachgedacht. Aber diese Ereignisse rückten mein Denken darüber in den Mittelpunkt.

Auf Beerdigungen und in Gesprächen hörte ich Menschen, die versuchten, sich einen Sinn für das Geschehene zu verschaffen. Einige wenige gaben den Glauben an Gott auf. Die meisten glaubten weiter, verloren aber jede echte Begeisterung für den Glauben. Sie entschieden bewusst oder unbewusst, dass sie keine wirkliche Ahnung hatten, wer Gott ist und was Gott tut. Sie gaben Lippenbekenntnisse zur Religion ab und beteiligten sich halbherzig an Glaubensgemeinschaften. Viele ignorierten Fragen darüber, wie Gott in ihrem Leben handelt.

Mit Anfang zwanzig gab ich für eine Zeit lang den Glauben auf. Meine Hinwendung zum Atheismus war vor allem durch intellektuelle Themen, wie das „Problem des Bösen", motiviert. Die Gründe, die ich für meinen Glauben zurechtlegte, machten keinen Sinn mehr. Um der intellektuellen Ehrlichkeit willen hörte ich auf, an Gott zu glauben.

Meine Rückkehr zum Glauben kam vor allem durch die Beschäftigung mit meinen Fragen. Ich erkannte, dass ich meinen tiefen Intuitionen über die Liebe keinen Sinn geben konnte, wenn es keinen liebenden Gott gab. Ohne Gott als ultimativen Liebesmaßstab konnte ich nicht erklären, was Liebe bedeutet und warum ich – oder irgendjemand anders – sie ausdrücken sollte. Diese und verwandte Fragen führten mich schließlich dazu, dass ich es für plausibler hielt, dass es Gott gibt. Aber ich wusste dies nicht mit Sicherheit.

Ich erhielt die Gelegenheit und ergriff die Initiative, Studiengänge zu absolvieren, die sich mit den wichtigsten Fragen des Lebens befassen. Das bedeutete auch, ein paar Master-Abschlüsse und einen Doktortitel in Theologie, Philosophie und Naturwissenschaften zu erwerben.

Seither habe ich mit vielen führenden Wissenschaftlern der Welt Gespräche geführt. Diese Erfahrungen – zusammen

Postskriptum

mit dem alltäglichen Leben meiner Familie in städtischen und ländlichen Gemeinden – bieten mir eine besondere Mischung aus wissenschaftlichem Wissen und bodenständigem Verständnis.

DIE GUTE NACHRICHT, DASS GOTT ES NICHT KANN

Im Lichte meiner Fragen und in dem Bemühen, verletzten Menschen zu helfen, habe ich dieses Buch geschrieben. Ich möchte leidenschaftlich diejenigen trösten und ermutigen, die leiden. Ich glaube, die fünf großen „Ideen" in diesem Buch können uns helfen, auch nach Tragödien, Misshandlungen und anderen Übeln, Gott weiter zu vertrauen und zu lieben. Ich habe versucht, Überlebenden, Opfern und anderen zu zeigen, dass der Gott, den sie ablehnen oder zu dem sie das Vertrauen verloren haben, nicht wirklich Gott gewesen sein kann.

Der wahre Gott der Liebe verursacht oder erlaubt nichts Böses. Der Geist der Liebe, der in uns und der ganzen Schöpfung gegenwärtig ist, ist nicht moralisch verantwortlich. Die gute Nachricht für die Verletzten ist, dass Gott ihren Schmerz nicht im Alleingang hätte verhindern können. Gott ist nicht schuld.

Dies als „gute Nachricht" zu bezeichnen, ist für manche keine sinnvolle, intuitive Erklärung. Aber für nachdenkliche Menschen, die Schmerzen haben, ist diese Nachricht mehr als ermutigend. Sie müssen nicht mehr glauben, dass Gott hasst, aufgibt, ignoriert oder bestraft. Es ist eine gute Nachricht, dass Gott niemals Böses will oder zulässt.

Diese Überzeugungen unterstützen das, was ich „die Perspektive der nicht kontrollierenden Liebe Gottes" nenne.[38] Meiner Ansicht nach stellt diese Sichtweise Gott angemessener dar als andere. Sie unterscheidet sich von dem, was den meisten Menschen gelehrt worden ist und von der Sichtweise Gottes, die meine atheistischen Freunde ablehnen. Sie passt gut zu den großen Themen der Bibel und der Art und Weise, wie die Welt zu funktionieren scheint. Jesus stellt dieses Bild von Gott in seinem Leben, seinen Lehren, seinem Tod und seiner Auferstehung dar.

Meiner Meinung – und der Meinung vieler – nach, macht die Perspektive der nicht kontrollierenden Liebe Gottes Sinn!

In diesem Buch habe ich immer wieder wahre Geschichten von Menschen zu Wort kommen lassen, die den nicht kontrollierenden Blick auf die Liebe als wertvoll erleben. Weil sie Überlebenden von Missbrauch, sowie Opfern von Tragödien und anderen Leidenden helfen, wollte ich diese Schilderungen mit dir teilen. Sie ermutigen – sowohl auf intellektueller als auch auf emotionaler Ebene – diejenigen, die ihr Leben neu aufbauen wollen.

Wir brauchen diese Berichte darüber, wie Überlebende entdeckt haben, dass ein Gott der nicht kontrollierenden Liebe keinen Tadel verdient!

DIE GUTE NACHRICHT, DASS GOTT ES KANN

Ich weiß natürlich, dass einige Leute die von mir vertretene Ansicht ablehnen werden. Einige werden sie alarmierend oder beunruhigend finden. Trotz des Trostes, den sie den Verletzten gibt, werden Kritiker sie ablehnen.

Einige werden den Titel des Buches „*Gott kann das nicht!*" sehen und annehmen, dass der beschriebene Gott schwach oder inaktiv sein muss. Sie werden denken, dass wir zwischen einem Gott, der kontrolliert und einem Gott, der nicht viel tun

Postskriptum

kann, wählen müssen. Wenn du dieses Buch gelesen hast weißt du natürlich, dass diese Wahl falsch ist. Es gibt noch eine dritte Möglichkeit.

Der Gott der nicht kontrollierenden Liebe ist das mächtigste und liebevollste Wesen im Universum! Ich verwende sogar das biblische Wort „allmächtig", um die Macht dieses Gottes zu beschreiben. Damit meine ich nicht, dass Gott all *unsere* Machtvorstellungen erfüllt. Mit „allmächtig" meine ich nicht, dass Gott erzwingen kann. Vorhergehende Kapitel würden keinen Sinn ergeben, wenn ich das mit „allmächtig" gemeint hätte.

Stattdessen ist Gott allmächtig als:

1) die Quelle der Macht für die *ganze* Schöpfung (*all*-mächtig),
2) der einzige, der Macht auf *alle* und *alles* ausübt was existiert (*all*-mächtig), und
3) derjenige, der mächtiger ist als *alle* anderen (*all*-mächtig).

Und diese Macht drückt sich immer als zwanglose Liebe aus.

Mit anderen Worten: Unser liebender Gott ist allmächtig, ohne beherrschen zu können und zu wollen.

Wie ein gutes Elternteil mit einem angemessenen Maß an Einfluss ist ein nicht kontrollierender Gott weder schwach noch unterdrückend, weder unfähig noch herrschsüchtig, weder anämisch noch manipulativ. Gottes Liebe ist überaus aktiv und mächtig!

Gott heilt, schützt, erlöst, rettet, befähigt, inspiriert, ruft, erschafft, leitet, heiligt, überzeugt, verwandelt und vieles mehr – immer in liebevoller Beziehung zu seiner Schöpfung. Gott übt all diese Tätigkeiten aus, ohne andere zu kontrollieren, indem er mit seinen Geschöpfen und der ganzen Schöpfung gleichgesinnt zusammenarbeitet. Überlebende des Bösen und Aktivisten, die etwas zum Positiven verändern wollen, haben diesen mächtigen, liebenden Gott als ihre Quelle für Heilung und Verwandlung erfahren.

Es ist wichtig zu glauben, dass Gott das Böse nicht im Alleingang stoppen *kann*. Aber es ist auch wichtig zu glauben, dass Gott andererseits auf mächtige Weise handeln *kann*. Diese Perspektiven verändern unser Leben und die Welt. Sie schaffen und erhalten die Existenz und unser Leben von Augenblick zu Augenblick. Wenn wir und andere in liebevollen Beziehungen – mit dem Gott, der uns alle liebt – zusammenarbeiten, erfahren und genießen wir das Wohlergehen, das uns diese Liebe schenkt. Unsere Hoffnung auf alles Gute hat ihren Ursprung in der Liebe Gottes.

Gott kann es, weil Gott liebt!

DIE NICHT KONTROLLIERENDE LIEBE GOTTES
Der beste Weg, um sowohl zu verstehen, dass Gott manche Dinge nicht tun *kann*, als auch andere tun *kann*, ist, die göttliche Kraft im Licht der nicht kontrollierenden Liebe zu sehen. Die Kraft dieser nicht beherrschenden Liebe Gottes, ist eine kompromisslose, aber nicht erzwingende Kraft, die uns und die ganze Schöpfung ermächtigt.

Der Gott der nicht kontrollierenden Liebe ist absolut verehrungswürdig. Ich bin daher zutiefst motiviert, meinen unvergleichlichen Liebhaber zu preisen!

Ich kann unseren nicht beherrschenden Schöpfer von ganzem Herzen anbeten, da ich weiß, dass Gott das Böse, das

Postskriptum

ich erlebt habe oder kenne, weder verursacht noch zulässt. Zu meiner Anbetung gehört die Freiheit von der Sorge, dass Gott mich bestrafen, verdammen oder ignorieren könnte. Gott kann und wird uns alle immer dazu befähigen, ein gutes Leben zu führen.

Ich bin sowohl sehr beeindruckt als auch dankbar darüber! Ich sagte im einleitenden Kapitel, dass dieses Buch für diejenigen bestimmt ist, die lieben wollen, geliebt werden wollen und ein Leben in Liebe führen wollen. Nachdem du die Grundideen des Buches entdeckt hast, hoffe ich, dass du verstehst, was das bedeutet. Gott liebt uns und die ganze Schöpfung immer. Gott inspiriert uns dazu, andere, uns selbst, die Schöpfung und Gott zu lieben. Ein auf diese Liebe ausgerichtetes Leben zu führen ist das beste und erfüllendste Leben, das möglich ist.

Dieser Gott ist es wert, angebetet zu werden!

Ich möchte mit einer Aussage des Apostels Paulus schließen. Ich hoffe, sie inspiriert dich ebenso wie mich: „Geht einem Leben in Liebe nach, als hinge euer Leben davon ab – denn es hängt davon ab" (1Kor 14,1, *The Message*).

Der Liebhaber des Universums befähigt und inspiriert uns, ein Leben in Liebe zu führen. Lasst uns mit dem nicht kontrollierenden Gott der Liebe zusammenarbeiten!

Danksagung

Ich möchte Michael Trenkel und Dirk Weisensee meinen tiefsten Dank aussprechen. Sie haben nicht nur eine frühere Übersetzung grundlegend überarbeitet und zu Ende geführt, sondern auch bei anderen Aspekten geholfen, die deutsche Version dieses Buches Wirklichkeit werden zu lassen. Vielen Dank, Michael und Dirk!

Ich danke auch Désirée Staude, die zuerst die Aufgabe des Übersetzens übernommen hatte. Obwohl ihre Arbeit nicht ganz verwirklicht wurde, schätze ich es, dass sie mit mir an diesem wichtigen Projekt arbeitete.

Und ich danke Heinz-Hermann Peitz, dass er zuerst eine deutsche Version von *God Can't* vorgeschlagen hat.

Anmerkungen

1. GOTT KANN BÖSES NICHT VERHINDERN

1. Ich definiere Macht sorgfältig und zeige in meinem Buch *Gottes Liebe zwingt nicht*, wie eine *nicht kontrollierende* Liebe Wunder wirken kann. Siehe insbesondere die Kapitel 7 und 8. (SacraSage Press 2020)
2. C.S. Lewis, *Miracles: A Preliminary Study* (New York: HarperCollins, 2001), 90.
3. Ich erläutere diese Themen in *Gottes Liebe zwingt nicht* ausführlich.
4. Für weitere Informationen siehe: *Gottes Liebe zwingt nicht*, Kap. 7.
5. Jessica Kelley, *Lord Willing? Wrestling with God's Role in Child's Death* (Harrisonburg, VA: Herald, 2016),
6. Wm. Paul Young, *Die Hütte* (Ullstein, 2011).
7. Janyne McConnaughey, *Brave: A Personal Story of Healing Childhood Trauma* (Greeley, Kolo.: Cladach, 2018), 207.

2. GOTT FÜHLT UNSEREN SCHMERZ

8. Carl R. Rogers, *A Way of Being* (Boston: Houghton Mifflin, 1980), 142.

9. Brené Brown, *Verletzlichkeit macht stark: Wie wir unsere Schutzmechanismen aufgeben und innerlich reich werden* (München: W. Goldmann, 2017).

10. Francois Varillon zitierte in Marcel Sarot, *God, Passibility and Corporeality* (Kampen, Niederlande: Kok Pharo, 1992), 78.

11. Um in die Details einzutauchen, lese mein Buch *The Nature of Love: A Theology*.

12. Siehe Matthäus 25,45; Apostelgeschichte 9,5; Johannes 11,35.

13. Siehe z.B. Jürgen Moltman, *Der gekreuzigte Gott* (Gütersloher Verlagshaus, 2002).

14. Siehe z.B. Johannes 14,26.

15. John Muir, *Cruise the Corwin* (Westwinds, 2014), 50.

16. John Muir, "My First Summer in the Sierra" in *The Wilderness World of John Muir*, Edwin Way Teale, Hrsg. (Marina Books, 2001 [1911]), 114.

17. "The Love of God", von Frederick M. Lehman, 1917.

3. GOTT WIRKT, UM ZU HEILEN

18. Shelly Rambo erzählt Pauls Geschichte in ihrem Buch *Spirit and Trauma: A Theology of Remaining* (Louisville, KY: Westminster John Knox, 2010), 2.

19. Ebd., 4.

20. Bart D. Ehrman, *God's Problem: How the Bible Fails to Answer Our Most Important Question – Why We Suffer* (San Francisco: HarperOne, 2008).

21. Um die für Wunder erforderliche Schöpfer-Geschöpf-Teamarbeit im Detail zu verstehen, sollte man zumindest ein Buch lesen: In *Gottes Liebe zwingt nicht* erkläre ich ausführlich, wie Gott auf den Mikro- und Makroebenen der Existenz auf wunderbare Weise wirkt, wenn Geschöpfe zusammenarbeiten. Siehe insbesondere Kapitel 8.

22. Unter den Büchern, die das Gebet aus einer Perspektive der nicht kontrollierten Liebe behandeln, empfehle ich besonders: Mark Karris, *Divine Echoes: Reconciling Prayer With the Uncontrolling Love of God* (Orange, Kalifornien: Quior, 2018).

4. GOTT HOLT DAS GUTE AUS DEM SCHLECHTEN

23. Joni Eareckson Tada, https://www.thegospelcoalition.org/article/reflections-on-50th-anniversary-of-my-diving-accident/ (Zugriff am 8.8.2018).

24. Joni Eareckson Tada, http://www.fggam.org/2018/02/discipline-or-punishment/ (Zugriff am 8.8.2018).

25. Kate Bowler, *Everything Happens for a Reason...and Other Lies I've Loved* (New York: Random House, 2018), xi, xiv.

26. Ebd., 112-119.

27. Jason Jones, *Limping But Blessed: Wrestling with God after the Death of a Child* (Minneapolis: Fortress, 2017), 103-104.

28. Ebd., 86-87.

29. Ebd., 143.

30. Ebd. 190.

31. Stephen Post und Jill Neimark, *Why Good Things Happening to Good People: How to Live a Longer, Healthier, Happier Life by the Simple Act of Giving* (New York: Broadway Books, 2008).

32. Paul Joseph Greene, *The End of Divine Truthiness: Love, Power, and God* (Eugene, OR: Wipf und Stock, 2017), 175-177. Paul stimmte den geringfügigen Änderungen zu, die ich an seinem Text vornahm.

33. Elie Wiesel, *Night* (New York, NY: Hill and Wang, 2006), 65.

5. GOTT BRAUCHT UNSERE ZUSAMMENARBEIT

34. Walter Isaacson, *Steve Jobs* (New York: Simon und Schuster, 2011), 14-15.

35. Aus den Notizen von John Wesley über die Bergpredigt: *Sermon on the Mount - Discourse III* (1748).

36. Mark Gregory Karris, *Divine Echoes: Reconciling Prayer With the Uncontrolling Love of God* (Orange, Kalifornien: Quior, 2018), 151-152. In diesem Buch beschreibt Mark, wie das konspirative Gebet in Bezug auf die verschiedenen Themen, um die wir Gott bitten können, funktioniert.

37. Rob Bell, *Das letzte Wort hat die Liebe: Über Himmel und Hölle*

und das Schicksal jedes Menschen, der je gelebt hat (Gießen: Brunnen Verlag, 2011), 177.

38. Mehr dazu findet sich in meinem Buch *Gottes Liebe zwingt nicht* (SacraSage Press, 2020) und in den Essays von über 80 Autoren in *Uncontrolling Love*, Michaels, et. al. (Nampa, Id.: SacraSage, 2017).

www.ingramcontent.com/pod-product-compliance
Lightning Source LLC
Chambersburg PA
CBHW030148100526
44592CB00009B/183